関西学院大学研究叢書　第191編

Stock Price,
Information Flows
and Mass Media

株価の情報反映メカニズム

マスメディアと企業情報の効果

阿萬弘行［著］
Aman, Hiroyuki

中央経済社

はしがき

　本書は，株価の情報反映度（informativeness）が形成されるメカニズムを，情報伝達プロセスの視点から分析した研究結果である。本来，株式市場で情報が価格を動かすことそれ自体は，改めて言うまでもないことであり，たとえば，企業業績の良し悪しに反応して，株価が変化していく傾向は身近なニュースでもよく観察される。理論的に，株価が，企業により将来生み出されるキャッシュフローを，時間とリスクを勘案して合計したものとして決定されるなら，実際の業績やその将来予想変化に関わる企業情報が株価を変動させることは十分理にかなっている。そして，その企業情報が何の障害もなく，すべての市場参加者に迅速に伝播するのであれば，株価形成の要因解明に対して，あえて研究者が分析する余地は極めて限られる。

　しかしながら実際には，株価が企業情報をどの程度適切に反映しているかは，企業ごとに，または，時間の経過に伴って，ばらつきがありうる。特に本書の視点は，情報がどのように投資家に伝達されているかというメカニズムを重視する。投資家（特に個人投資家）が情報を入手する経路は，直接的に企業開示情報へ目を通すことだけでなく，マスメディアが報道するニュースなど多様である。情報発信源である企業自体も，情報の開示方法やその信頼性については一様ではない。そのことは，しばしば大きなニュースとなる粉飾決算の事例を想起すれば理解しやすい。マスメディアも，その形態は新聞・雑誌などの活字媒体から放送メディアまで幅広い。さらに，メディアは社会への情報提供機能の役割を果たすという建設的な評価もある一方で，投資家の過剰反応を煽るという批判もある。

　要するに，主要な情報発信源である企業の情報開示（ディスクロージャー）とそれを伝達する担い手であるマスメディア，この二者が，株価変動の特性に与える影響について明らかにしたいというのが，本書の目的である。2つのう

ち，前者のディスクロージャーについては，会計・ファイナンス分野において長い研究の蓄積がある。もう一方のマスメディアの影響については，ファイナンス分野での研究は，限定的であり，発展途上の状況にある。その考えられる理由として，マスメディアの存在は，一般の読者・視聴者と同様，研究者自身にとっても，あまりにも身近であり，そこからの情報入手がある種空気のように当然の世界では，とりたてて，マスメディアに注目を向ける研究のきっかけが希薄だったのかもしれない。その意味で，本書の研究の力点は，相対的には，新たな学術的貢献の余地が大きい後者のマスメディア効果に置かれている。

株価は，企業評価の最も重要な価値尺度として，投資評価・M&A・経営者報酬など，数多くの場で活用されている。株価というシグナルが，企業情報を適時・適切に織り込んで決まっていれば，経済全体での資本の配分も望ましい方向へ動いていく。その意味で，本書の，ディスクロージャーの分析は，望ましい情報開示政策への示唆を与えることができる。また，マスメディア効果の分析は，金融機関とは異なる，ある面で公的な，またある面では独自の行動様式をとるマスコミ機関による報道がもつプラスとマイナスの影響を識別し，ひいては，効率的な株価形成への示唆を得ることができる。

本質的に，株式市場における価格形成は，多くの不確実性にさらされている。そのため，市場メカニズムの理解は大変難しく，一筋縄ではいかない複雑さがある。もちろん，伝統的な企業価値評価法や資産価格決定モデルに代表されるファイナンス理論が，現象の単純化と理解の大きな助けになることは言うまでもない。他方で，金融市場参加者の極めて多彩な顔ぶれは，それぞれが活動している制度やインセンティブ構造を背景として，株価形成のプロセスを一層複雑にしている。たとえば，投資家と一口に言っても，個人投資家から機関投資家までさまざまである。情報発信する主体も，企業自身もあれば，それを分析する証券アナリスト，そして，幅広く社会に情報を伝えるマスメディアなど，多様性の幅は広い。結果として掴みどころなく振る舞う印象を持たれる株式市

場であるが，筆者にとっては，その多様性がむしろ関心を駆り立て，アカデミックな視点から切り込める余地を提供してくれる知的興味の尽きない場となっている。

　本書は，筆者のこれまでの株式市場を素材とした研究の一部をまとめたものであり，執筆にあたっては，これまで多くの方々のお世話になってきた。大学学部・大学院では，瀬地山敏先生（京都大学名誉教授），古川顕先生（京都大学名誉教授）のお2人の恩師には，指導教授として，数多くのご助言やご指導をいただいたことに心から感謝申し上げたい。森保洋氏（長崎大学），春日教測氏（甲南大学）とは，現在，株式市場へのマスメディア効果の共同研究を継続中であり，そこで得られた知見は本書にも生かされている。同僚の岡村秀夫氏（関西学院大学）からは，論文や本書執筆の実際的なアドバイスをいただいた。本書所収の論文のいくつかは，Monetary Economics Workshop（MEW），金融システム研究会，九州ファイナンス研究会で報告した。すべてのお名前を挙げることは紙幅の制約でかなわないが，筒井義郎氏（甲南大学），田中敦氏（関西学院大学），内田交謹氏（九州大学）はじめ多くの参加者の方々から，いつも的確なアドバイスをいただいた。また，日本経済学会，日本ファイナンス学会，証券経済学会，日本金融学会，日本応用経済学会，日本経営財務研究学会，The 2008 Business and Information, Asian Finance Association 2010への参加や研究報告を通じた議論が本書全般に活かされている。討論者，参加者，学会会員の方々に改めて感謝したい。

　本書の各章は，長崎大学経済学部・甲南大学経済学部，そして，現在勤務する関西学院大学商学部での勤務を通じて継続的に進めてきた研究の成果である。本当に幸運なことに，それぞれの職場で一貫して，自由で，充実した研究・教育環境に恵まれたことが今回の本書執筆につながっている。折にふれお世話になった同僚・先輩の先生方に感謝申し上げたい。

　本書に含まれる研究の実施にあたっては，JPSS科学研究費補助金（JP18730220, JP20730213, JP23730318, JP26380415, JP15H03367, JP17H02525:

研究代表者・研究分担者資格含む），学術振興野村基金，関西学院大学個人特別研究費，九州大学重点プロジェクト，石井記念証券研究振興財団，甲南大学総合研究所研究費から助成を得ている。特に，本書全体は，関西学院大学から，関西学院大学研究叢書として出版助成を受けた成果である。記して関係各位に感謝申し上げる。

　中央経済社経営編集部編集次長の浜田匡氏には，企画段階から出版に至るまで，実務の細部にわたって本書編集に柔軟な対応をしていただき，ようやく無事に完成を見ることができた。改めてお礼申し上げたい。

　最後に私事ではあるが，筆者のこれまでの研究・教育人生を支えてくれた両親，いつも笑顔の絶えない家庭を作ってくれている妻と3人のいつも元気な息子たちに，この場を借りて心からありがとうと言いたい。

2018年1月

阿萬　弘行

目　次

はしがき　*i*

序章
本書の概要：株価変動への公開情報の効果　*1*

第1章
株価形成と情報伝達プロセス　*7*
1. 株価と情報：企業ディスクロージャーとマスメディア報道　*7*
2. 企業ディスクロージャーと株価変動　*10*
3. 情報への過剰反応・過小反応　*13*
4. マスメディア効果の論点整理　*16*
5. 企業固有ボラティリティの計測方法　*31*
6. 株価クラッシュの計測方法　*34*

付録1　マスメディアの接触頻度　*37*
付録2　マスメディア効果の既存研究リスト　*40*

第2章
企業固有ボラティリティと公開情報　*47*
1. 企業固有ボラティリティ（FSV）とは　*47*
2. 公開情報の量的・質的側面　*49*
3. データ：FSV・メディア・利益予想　*55*
4. 分析結果：FSVとメディアカバレッジ・経営者予想精度　*60*
5. まとめ：情報の量・質双方の重要性　*75*

付録　新聞報道の見出しの特定化方法　*75*

第3章
株価クラッシュとマスメディア報道　77
1 株価クラッシュ現象の解明　77
2 マスメディア報道と株価クラッシュ　82
3 データ：クラッシュと公開情報　86
4 分析結果：クラッシュとメディアカバレッジ　89
5 まとめ：マスメディア報道による株価急落効果　103

第4章
株価クラッシュとコーポレートガバナンス　107
1 株価クラッシュと情報反映度　107
2 株価クラッシュと株式所有権構造　110
3 データ：株価クラッシュと株式所有権比率　118
4 新興企業の株価クラッシュへの分析結果　121
5 まとめ：日本的ガバナンスによる株価急落効果　129

第5章
無形情報による株式リターンと企業情報環境・情報開示行動　131
1 株価と無形情報・有形情報　131
2 無形情報リターンの計測方法　134
3 企業の情報環境と情報開示　136
4 データ：無形情報リターンと情報開示・情報環境　140
5 無形情報リターンの要因分析結果　145
6 まとめ：情報開示と無形情報の代替関係　151

第6章
企業固有ボラティリティ（FSV）の要因分析： 追加的検証　153

- **1** 企業情報反映度としてのFSV　*153*
- **2** FSVとマスメディア報道　*154*
- **3** データ：期間の拡張と追加変数　*159*
- **4** FSV要因分析結果　*161*
- **5** まとめ：マスメディアによる注意喚起効果　*175*

第7章
本書のまとめと今後の発展　177

- **1** 本書全体の実証結果のまとめ　*177*
- **2** 今後の研究の展望　*179*

参考文献　*185*
初出一覧　*197*
索　引　*198*

序章

本書の概要：
株価変動への公開情報の効果

　株価は企業のファンダメンタル（基礎的な将来の収益力）を映す有力な指標として経済・ビジネスの世界で活用されている。一般的に，優れた将来性のある企業の株価は上昇し，そうでない株価は下落する。その株価が，どのようなタイミングで，どのような情報を織り込んで形成されているかという問題は，幅広いファイナンス研究の対象として豊富な研究成果が蓄積されてきた。常に議論のベースとなる効率的市場仮説が成り立つのであれば，情報の完全性や裁定取引の下で，価格は十分かつ迅速に株価に反映される。しかしながら，現実的には，情報効率性を阻害する要因が種々存在し，最適な価格形成を実現することは難しい。

　本書は，以下の3つの概念・キーワードを軸として，日本の株式市場において，情報伝達プロセスが株価変動に及ぼすさまざまな影響について明らかにしていく。端的には，(1) 株価の情報反映度，(2) 企業ディスクロージャー，(3) マスメディア報道，の3つの視点をコアとした分析を行う。

　1つ目のキーワードである「株価の情報反映度（informativeness）」とは，どの程度，株価が情報を効率的に反映しているかという指標である。株価に織り込まれる情報タイプは多様であり，その意味で，株価の情報反映度も複数のタイプがあり，研究目的ごとに使い分けられている。本書では，主に，①企業固有情報の反映，②株価クラッシュ，③無形情報反映度の3つを用いる。①は，市場共通情報と比較して，個別企業情報を反映する度合いであり，この指標が高い場合，株価の企業評価シグナルとしての機能もまた高い。②は株価の急激な下落，③は業績数値などの有形情報では捉えきれない株価変化を指す。

特に，本書では，公開情報の情報伝達プロセスが株価形成に果たす機能という一貫した視点に立っている。そのうえで，日本市場のデータを用いて株価の情報反映度を構築し，投資家への情報伝達のあり方がどのように，その向上に影響しているかを実証的に解明していく。2番目と3番目のキーワードである(2)企業ディスクロージャーと(3)マスメディアは，情報伝達プロセスの代表的な経路である。

企業ディスクロージャーは文字通り，企業自身による情報開示である。理論上，企業と投資家間の情報非対称性が存在するとき，株価形成は歪み，企業本来のファンダメンタル価値に対して過大評価・過小評価が生じうる。ディスクロージャーが，この情報上のギャップを埋める役割を果たすことは，ファイナンス・会計学両分野において数多くの研究が示している。特に，株式所有者と経営陣の分離が一般的な現代の公開株式会社制度では，株主の立場から，経営陣に対して，信頼性・精確性の高い情報開示を促し，情報効率的な株価形成を促進することは重要である。本書では，透明性・信頼性の高いディスクロージャーが果たして望ましい株価形成を促しているかという仮説をリサーチクエスチョンとして分析を展開する。

新聞・放送などマスメディアは，現代社会においては，最も一般的な情報伝達媒体として広く認知されている。それは，株式市場に関連する企業情報についても同様であり，投資家は，直接的に企業開示情報を得るだけでなく，マスメディアを通じて，さまざまな企業情報を入手している。しかしながら，情報への株価反応分析の多くは，情報波及に果たすマスメディアの役割を明示的に考慮してこなかった。その合理的な根拠の1つは，情報をもった投資家が全体の一部であっても，彼らが無制限・無コストで裁定取引を実行できるのであれば，情報の価値は，情報波及の程度によらず，即座に価格に反映されるという理論的予測が成り立つからである。また，より技術的な問題として，ごく一般的に使われる財務データ，株価データといった情報と異なり，研究者にとって利用しやすい形態でのデータ提供が未整備であったことにもよる。しかしながら，第1の根拠については，現実的な取引制度に照らして，完全な裁定取引を

想定するのは無理があるし，繰り返し報告されるアノマリー現象（株価の過大評価・過小評価）が，情報伝達のあり方の重要性を示している。第2の技術的な困難性についても，近年では，企業ニュース関連のデータ整備が進展し，具体的に，ニュース量やニュース内容を特定化することが十分可能になってきている。

次章で検討するように，マスメディア・ディスクロージャーによる情報伝達機能は，純粋に，市場参加者への豊富な情報提供を行い，企業－投資家間の情報ギャップを埋めることで，より効率的な情報反映を促進する。本書では，この機能の検証のために，企業固有ボラティリティへのマスメディア報道の効果を分析する。他方で，マスメディアによる過剰報道が，過剰な株価反応をもたらす可能性もある。この傾向は，投資家センチメントの増幅という視点で，すでに先行研究も進んでいる。本書では，この点を株価の急落現象の検証によって分析する。

本書の章ごとの構成と要旨は以下のとおりである。**表序－1**には主要なリサーチクエスチョンと利用した変数を整理している。

第1章では，市場での情報伝達と価格形成に関して，理論・実証含む先行研究を参考としながら，主要な概念と結果を解説する。議論のベースとなる効率的市場仮説の下では，発生する情報は迅速かつ十分に株価に反映される。ミスプライシングは，裁定取引によって即座に解消される。しかし，企業と投資家間に情報非対称性という障害があるとき，株価の過大評価・過小評価が発生する（逆選択問題）。ディスクロージャーは，正確かつタイムリーな情報提供によって，この問題を解決し，適切な株価形成に寄与することが期待される。マスメディアは，ディスクロージャー情報を，より広範な投資家層に伝達する情報再分配機能とともに，独自の調査報道によって情報生産機能が期待されている。これらは，より効率的な株価形成に寄与する。他方で，マスメディア情報への投資家センチメントによる非合理的な投資家反応は，株価の過剰反応を引き起こす。

表序-1　各章の要約

第1章	株価形成への情報伝達プロセスの影響 ：論点整理と先行研究のレビュー
第2章	Q：公開情報量と情報信頼性向上は，株価の企業固有情報の反映度を高めるか？
	①企業固有ボラティリティ（FSV） ②メディアカバレッジ，経営者利益予想精度
第3章	Q：マスメディア報道は，株価のクラッシュを増幅するか？
	①株価のクラッシュ（ジャンプ）頻度 ②メディアカバレッジ，メディアカバレッジ集中度
第4章	Q：コーポレートガバナンス構造は，クラッシュにどのような影響を与えるか？ ：新興企業向け市場
	①株価のクラッシュ（ジャンプ）頻度 ②株式所有権構造
第5章	Q：情報開示政策は，無形情報の株価反映度にどのような影響を与えるか？
	①無形情報リターン ②情報環境・情報開示変数
第6章	Q：FSVは公開情報の影響を受けているか？：拡張分析
	①企業固有ボラティリティ（FSV） ②メディアカバレッジ，ディスクロージャー
第7章	本書全体の分析結果のまとめ 新たな研究の方向性

(注) Q：リサーチ・クエスチョン，①株価の情報反映度変数，②説明変数

　第2章では，公開情報の量的な側面と質的な側面が，株価の企業情報反映度（企業固有ボラティリティ）に，どのような影響を与えるかという問題について検証する。公開情報量は，マスメディア報道量（メディアカバレッジ）で計測する。質的な面としては，ディスクロージャーの信頼性を示す代理変数として，経営者による利益予想誤差を用いる。主な実証結果としては，メディアカバレッジの増加は，企業固有ボラティリティを向上させる。これは，マスメディアによる積極的な公開情報の提供が，望ましい株価形成に寄与するポジティブな役割と一致している。他方で，経営者予想の正確性の向上も，企業固有ボラティリティを高める。信頼性のある情報提供体制は，企業情報を株価が適切に反映する方向へ寄与する。

第3章では，クラッシュ現象を素材として，メディア報道の負の側面を捉える。実証結果によると，メディアカバレッジの量的増加とその集中度増加は，クラッシュ頻度の増加と相関している。これは，集中的なメディア報道が，企業情報に対する極端な株価変化を引き起こすことを意味している。また，クラッシュのリターンの規模に関する変数を用いると，メディア報道がクラッシュの規模も増加させる。これらの結果は，メディア報道の多さやその量的な偏りが，過剰な投資家の注意喚起を引き起こす傾向を示唆している。

第4章では，新興企業向け市場マザーズ上場企業を対象にしたクラッシュ発生要因の分析を行う。成長性・リスクの高い企業においては，企業－投資家間の情報非対称性の深刻さの程度は，比較的将来見通しの安定的な大規模企業よりも大きい。その点で，新興企業群に対する，情報のスムーズな反映度指標となるクラッシュ分析の意義は大きい。この章では，コーポレートガバナンスの観点から，株主タイプの相違の効果を重点的に分析した。その結果，金融機関の所有比率増加は，クラッシュ頻度の増加につながっており，銀行の情報生産機能は，スムーズな株価形成には寄与しないことが示唆された。

第5章では，企業の情報開示行動が，株価の情報反映度に与える効果を分析している。特に，Daniel and Titman（2006）のアプローチに依拠して，株式リターンを利益や資本などの有形情報（tangible information）に起因する部分とその他の無形情報（intangible information）に由来する部分に分解する。主な結果として，利益ボラティリティが高い場合や企業年齢が低い場合に，無形情報リターンの規模は大きくなる。これは，会計情報の不確実性が高く，過去の情報蓄積が少ないときに，無形情報への需要が高まることを示している。また，経営者予想誤差や監査意見などのディスクロージャーの品質低下もまた，無形情報リターンの規模増加と相関している。ディスクロージャーの信頼性が低い水準であるとき，代替的に，無形情報への投資家の需要が増加することを示している。

第6章では，期間を拡張したうえで，新たなマスメディア関連の変数を加えて企業固有ボラティリティの要因分析を行った。基本的には，第2章の単年度

での結果と類似して，メディアカバレッジの拡大は，長期サンプル期間でも，企業固有ボラティリティを向上させていた。マスメディアによる公開情報の伝達機能の頑健性は高い。また，追加的に，投資家注意力仮説，情報タイプ別の検証，株主タイプの相違効果について分析を行っている。

　第7章では，本書全体の結論を整理する。また，現在進行中のマスメディア効果の研究について紹介するとともに，今後の研究発展の方向性について展望する。

第1章

株価形成と情報伝達プロセス

1 株価と情報：企業ディスクロージャーとマスメディア報道

　標準的なファイナンス理論では，株価は，将来にわたって継続的に企業が稼得するキャッシュフローを，リスクや時間の要素で適切に割り引いたものに等しくなる。そして，将来キャッシュフローやリスクは，ファイナンスの教科書的な練習問題とは異なり，それ自体の確定的な数値が直接投資家に明示されているわけではなく，個々の投資家の予想に依存している。市場に流入する多様な情報は，企業の将来収益の見込み，経営判断の効果やそのリスクなどの予想を集約して，株価に反映される。たとえば，今期の決算情報の内容は，その企業の来期以降の業績見通しを判断する材料となりうる。また，新たな設備投資やM&A発表は，投資家によるリスク予想を変化させるかもしれない。投資家は，それが機関投資家であれ，あるいは，個人投資家であれ，将来の株価変化を予想するのに役立つ情報を探索し，受け取り，取捨選択して，最終的な投資判断に結びつける。

　本書におけるキーワードである株価の情報反映度（informativeness）とは，株価が企業情報をどのように織り込んでいるかという面を捉えている。株価は，企業のファンダメンタル価値を体現するシグナルとして，投資判断・経営評価・企業ファイナンスなど，重要な経済・ビジネスでの意思決定の基盤となる。したがって，株価が，より適切に企業情報を織り込んでいれば，経済全体での人的・物的資源の効率的配分が達成される。反対に，株価の情報反映度が劣る

市場では,経済は非効率な資源配分に帰結する。このため,株価の情報反映度の分析は,広い意味で,資源配分の効率性を向上させるための研究として位置づけられる。

本書では,研究の観点に応じて,以下の3つの株価の情報反映度指標を用いる。①企業個別の情報を,市場全体の情報と比較して,どの程度反映しているか(第2章・第6章「企業固有ボラティリティ(FSV: firm-specific volatility)」),②企業情報をスムーズに反映しているか(第3章・第4章「株価の急落(クラッシュ)」),③企業の無形情報をどの程度反映しているか(第5章「無形情報リターン」),である。具体的な定義は後述するとして,①では,FSVの概念は,株式市場を取り巻く情報環境が充実すれば,より多くの企業情報が適切に株価に反映されるという考え方を基盤としている。②のクラッシュでは,企業情報が遅滞なくタイムリーに株価に織り込まれる過程が持続すれば,極端な株価変動は避けられるという見方を背景としている。③では,無形情報は価値判断が難しく,有形情報と比較して,株価に反映されにくいという予測に基づいている。

情報が株価形成に与える影響について,ファイナンス理論は,効率的市場仮説を議論のベースとしている(Fama (1970))。効率的な市場とは,そこで成立している証券価格が,迅速に,かつ,十分に利用可能な情報を反映していることである。そして,その利用可能な情報のタイプとして,便宜的に3つのカテゴリーがある。第1は,弱度の効率性(weak form)であり,過去の価格情報を十分反映して,価格が形成される状況を指す。第2に,準強度の効率性(semi-strong form)が成立しているもとでは,より幅広く,公開情報すべてを反映して価格が決定される。第3に,強度の効率性(strong form)が成り立っていれば,企業の内部情報や投資家の私的情報をも反映する形で,価格形成がなされる。

株価の情報効率性は,現実的には,さまざまな市場の摩擦によって阻害される。情報収集の面から,Grossman and Stiglitz (1980)の理論は,私的情報の収集にコストがかかるとき,情報にもとづく取引が抑制され,結果的に,証券

価格は情報を過小に反映すると論じた。このとき，証券価格の情報反映度は低下する。Verrecchia（1982）のモデルでも同様に，情報獲得にコストがかかるとき，均衡価格は，ファンダメンタルから乖離するノイズを反映した水準に決定される。行動ファイナンス分野では，投資家の心理バイアスを取り入れている。そこでは，投資家の情報への過小反応・過大反応が，一時的な価格のミスプライシングを生み出す要因として論じられている（Barberis et al.（1998））。また，制度面での空売り（short-selling）制約も，タイムリーな情報反映を阻害する典型的な要因となることは多くの研究で示唆されてきた（Hong and Stein（2003））。

　本書では，市場への情報伝達経路が，株価の情報反映度に与える効果について実証的に分析することに焦点を当てていく。企業情報の市場参加者への情報伝達プロセスには，多様なものがある。その1つは，企業が，規則に従って，あるいは，自主的に，定期・不定期に行う情報開示（ディスクロージャー）である。たとえば，その代表格が，決算情報であり，多くの投資家はこれをもとに企業業績の将来見通しの判断に活用している。アカデミックな研究の文脈でも，すでに1960年代において，いわゆる利益情報の価値関連性研究の先駆けとして，Ball and Brown（1968）が，利益情報がその発表月に株価に反映する結果を定量的に明らかにしている。また，その他のイベントでも，M&Aや新株発行などの重要な企業情報のアナウンスメントに際して，大きく株価が変化する傾向は，多数報告されている。ファイナンス・会計学分野では，特定の企業情報のディスクロージャーがあったときのタイミングで株価反応を計測し，その情報の企業価値へのインパクトを計測する標準的なイベントスタディ手法は確立されている。

　一般的に，社会への情報伝達機関として，マスメディアの役割は，人々に広く認知されている。経済情報に関しても，マスメディアが情報を仲介する役割を果たす。企業ディスクロージャーによって開示された情報は，必ずしも直接的に投資家が入手するわけではない。もちろん，インターネットが発達した現在では，会社運営のウェブサイト，証券取引所ウェブサイト，金融庁運営の

EDINETなどから直接，個人でも企業開示情報に容易にアクセスする手段は発達している。しかしながら，実際には，投資家があふれる企業情報を網羅的に把握することは困難であり，マスメディアによって取捨選択されたニュースから情報を獲得することも多い。これは結局，後で詳述する，人間の情報処理能力の限界，注意能力の限界から，メディア報道という第三者による情報伝達に依存せざるを得ない根源的な現象である。

マスメディアは，投資目的の営利機関ではなく，公共の役割を担う，経済社会全体への広範な情報提供機関として認知されていたため，伝統的なファイナンス研究では，その潜在的な機能は見過ごされてきた感がある。加えて，技術的な理由として，決算情報やアナリスト予想が体現する数字に基づくハード情報と比較すると，どちらかと言えば，間接的な，ソフト情報としての性格から，利用可能なデータベースも未整備であったので，研究が進んでいない事情があった。

本書ではこの問題意識のもと，情報伝達プロセスを担う重要な手段として，企業ディスクロージャーとマスメディア報道に焦点を当て，その株価変動への影響を考察していく。本章では，続いて，企業ディスクロージャーとマスメディアの情報伝達プロセスでの役割に関して，順を追って解説する。

2 企業ディスクロージャーと株価変動

企業による情報開示（ディスクロージャー）は，株式市場にとって最も重要な情報提供の形態である。投資家と企業（経営者）の間の情報非対称性という設定の下で，ディスクロージャーがもつ経済的な便益は，理論上，逆選択（adverse selection）とモラルハザード（moral hazard）によって説明できる[1]。一般的な逆選択のフレームワークでは，内部に優良な内在価値をもつ企業と劣位の企業が2タイプある。投資家はこの違いを識別できない非対称情報環境が存在する。両者が結果として選別されない一括均衡のもとでは，企業の株式価値は，両タイプの企業の中間値として評価され，相対的に優良な企業が過小評

価され，資金調達のうえで不利を被り，内在価値の劣る企業が過大評価され有利な状況になる。これは，典型的な，アカロフのレモン市場（Akerlof (1970)）の応用事例である。そこで，信頼性を担保されたディスクロージャーの実施は，情報非対称性を緩和した分離均衡状態をもたらし，より適正な株価形成と，それによる効率的な資本配分改善が達成される。モラルハザードについては，所有と経営の分離というエージェンシー問題が基礎になる。ここでの問題は，経営意思決定を依頼される経営者の努力水準を，直接的に投資家が観測できないタイプの情報非対称性である。例えば，インセンティブ付与のため，経営者の報酬や雇用は，観察可能な企業業績（会計利益・株価）に依存する契約・形態が一般的である。一時的な過大評価を得るために，経営陣は，グッド情報を積極的に開示するが，バッド情報は隠蔽する，または，開示を遅らせる誘因が働く。適切なディスクロージャーを促す制度や規制は，企業業績の評価指標としての信頼性を高めることを通じて，効率的な資本配分に寄与する。

　以上のような理論的概念は，適切なディスクロージャーが株価形成や資本配分にとって好ましい経済的便益をもたらすことを意味している。実際のディスクロージャー制度については，株主・債権者・投資家の判断材料として，企業は，定期的な決算情報や必要に応じた情報を公開している。日本では主に3つの規制により情報開示が義務づけられている。第1に，会社法の規定では，会社は，計算書類（貸借対照表，損益計算書，株主資本変動報告書）や事業報告書を，株主総会招集通知の中で，株主へ情報開示することが義務づけられている[2]。次に，金融商品取引法（旧証券取引法）の規定では，上場会社やその他対象企業は，有価証券報告書を，決算期末後の3カ月以内に提出しなければならない。また，そのほかに，半期報告書，四半期報告書，臨時報告書，内部統制報告書も情報開示の義務がある[3]。会社法と金融商品取引法の規定は，法律上定められた法定開示である。3つ目が，証券取引所によって自主的に定められたルールの適時開示（タイムリーディスクロージャー）である。これは，上場規則によって規制されており，法定開示よりも幅広い情報開示を義務づけている。具体的には，決算短信，四半期決算，業績予想，買収・合併など多岐に

わたる[4]。本書で実際に利用するディスクロージャー関連データは，この適時開示による情報開示を取り扱っている。

　政策面でも，情報開示の透明性確保は，重要視されている。日本企業のコーポレートガバナンス改革の一環として，2015年に「コーポレートガバナンス・コード」が策定され，上場企業に適用されている。その中で，情報開示のあり方については，第3章「適切な情報開示と透明性の確保」で述べられている。その考え方の解説として「法令に基づく開示であれそれ以外の場合であれ，適切な情報の開示・提供は，上場会社の外側にいて情報の非対称性の下におかれている株主等のステークホルダーと認識を共有し，その理解を得るための有力な手段となり得る…」（東京証券取引所（2015）「コーポレートガバナンス・コード」12頁）と述べられている。ここにおいても，明示的に，企業と投資家間に固有の問題である情報ギャップを縮小する機能が，情報開示に対して期待されている。

　アカデミックな分野での過去の実証研究は，ディスクロージャーの改善は多面的な経済的便益をもたらすことを論じてきた。株価の企業情報反映度の観点から，Jin and Myers（2006）は，国際比較分析によって，会計上の透明性指標が，株価の企業固有情報反映度の向上やクラッシュ発生の抑制につながっていることを報告している。Hutton et al.（2009）は，同様に，会計透明性指標として裁量的発生高を用いて，株価の情報反映度への好ましい効果を示している。また，Haggard et al.（2008）は，アナリストによるディスクロージャー評価が高い場合，株価の情報反映度が高まることを報告している。

　ディスクロージャーは，投資家の直面する不確実性を減らすことで資本コストを改善する効果もある。実際に，Botosan（1997）は，米国でのディスクロージャー評価の高い企業は，資本コストが低いことを示している。日本の研究では，須田他（2004）は，日本証券アナリスト協会のディスクロージャー優良企業報告書を用いて，そのランキングが高い企業の資本コストは低くなることを明らかにしている。村宮（2005）は，経営者予想精度の向上が，資本コストの低下に寄与することを報告している。太田（2005）は，経営者予想の精度

比較を行い，経営者予想と会社四季報予想の精度が同程度に高く，また，株価への説明力についても高いことを報告している。

市場流動性に対しても，豊富な情報量や正確な情報提供は，多くの投資家を引きつけることで，その改善効果をもたらす理論的可能性がある（Diamond and Verrecchia（1991））。特にビッドアスクスプレッドは，情報非対称を反映する株式関連指標として活用されることが多い。マーケットメイカーは流動性を供給する主体であり，流動性需要者のもつ情報について不確実性に直面している。そこから生じる逆選択リスクに対する報酬として，スプレッドは機能する。逆選択リスクが高い場合にスプレッドは拡大し（流動性低下），そのリスクが低い場合に縮小する（流動性改善）。Welker（1995）は，アナリストによるディスクロージャー評価の高い企業に対して，ビッドアスクスプレッドが縮小することを示している。

伊藤（2008）は，多様な特性をもつディスクロージャーの有効性を，①情報の質，②情報の量，③情報開示のタイミング，④情報開示の方法，の4つの観点にわかりやすく分類している。この分類に依拠すると，本書でのアプローチは，②の情報量の観点から，適時開示によるディスクロージャー増加やマスメディアによる公開情報伝播がもたらす株価情報反映度への効果を検証する。また，①について，経営者予想情報を用いたディスクロージャー信頼性指標の効果についても分析する。

3　情報への過剰反応・過小反応

効率的市場仮説が現実に成立しているのであれば，情報に対する価格反応は迅速かつ十分に形成されるはずである。しかしながら，多数の実証研究は，情報に対する過小反応（under-reaction），過剰反応（over-reaction）などのアノマリー（異常現象）を報告している。特に，主要な先行研究は，過去の業績情報に基づいて，将来の予想可能なパターンを発見している。情報伝達の観点から解釈すると，過小反応は情報が緩慢に，徐々に市場に伝播する現象を示唆す

る。例えば、何らかのバッドニュースが発生したことによって、価格はその時点で、部分的に情報を反映する形で下落するが、その情報吸収は十分ではなく、ゆっくりと時間をかけて下落傾向を継続する。

　DeBondt and Thaler（1985）による初期の研究は、過去3年間の株価実績から敗者株と勝者株ポートフォリオを組成し、その後の傾向を見ると、たとえば、3年後時点で、敗者株マイナス勝者株の累積リターンは24.6％に達することを明らかにしている。このパターンは、長期的なスパンでの株価の反転現象（リターン・リバーサル）を形成しており、投資家の過剰反応と一致する。Jegadeesh and Titman（1993）は、短期・中期モメンタムの代表的研究である。3カ月から12カ月の投資期間では、勝者株マイナス敗者株のゼロコストポートフォリオに対して、0.7％から1.4％前後の月次リターンを獲得できる。これは、投資家の過小反応行動と一致する。Bernard and Thomas（1989）は、利益公表というイベントを用いて、公表日のタイミングで、期待外利益の大きな株式の価格は一定の上昇を示すが、その後の期間も引き続き上昇し続ける期間があることを報告している。このような現象は、「利益公表後ドリフト現象」"post-earnings-announcement-drift（PEAD）"と呼ばれ、その後の実証会計学の研究においても幅広く観察されている。Chan（2003）は、利益だけでなく包括的な企業ニュースデータを用いて、ニュースを伴う価格変化の後に、顕著なドリフト現象を観測している。これは、ニュースに対する過小反応傾向の証左となっている。Vega（2006）も同様に、メディアカバレッジの大きな株式の過小反応を示している[5]。

　興味深いことに、日本市場を対象とした証券価格のアノマリー現象の研究では、米国での長期リバーサルとは対照をなして、一般的に、短期のリバーサル現象が多数報告されている。Chang *et al.*（1995）は、1975年から1991年までの東証一部・二部の銘柄を対象としたポートフォリオ分析により、リバーサル効果を報告した。Bremer *et al.*（1997）は、1981年から1991年の日経300銘柄について調査し、個別株価のイベントスタディによって、日次で超過リターンがマイナス10％の株価急落が生じたとき、リバーサルが起こる傾向を発見して

いる。他方で，プラス10％の急騰のイベントでは明確なリバーサルは観測されない。Iihara et al.（2004）によると，1975年から1997年の日本市場のデータでは，1カ月の短期株価リバーサルが顕著である。そして，興味深いことに，4月のコントラリアン戦略による超過リターンは，3月末決算企業において特に大きい。これは，期末の情報がこの時期に多く開示されると想定すると，その情報への短期的な投資家の過剰反応がリバーサル現象を生むという予想と整合的であり，本書の情報伝達プロセスの分析に対して示唆に富む。加藤（2003）〔6.2節〕は，日本市場の短期リバーサルは，主に小型株での情報過剰反応に起因することを報告している。城下・森保（2009）〔4章〕は，1977年から2005年にわたるデータを用いて，全上場企業と東証一部企業対象の分析を行っている。その結果は，短期・長期の双方で株価リバーサル効果を確認している。

　行動ファイナンス理論は，投資家の情報への反応について，心理的なバイアスを明示的にモデルに導入することで，過小反応・過剰反応現象の理論化を行っている。Daniel et al.（1998）は，私的情報に対する，自信過剰（overconfidence）と自己帰属バイアス（self-attribution）の2つのバイアスを仮定している。Barberis et al.（1998）は，保守性（conservativeness）と代表性（representativenss）という心理バイアスの概念を用いたモデルを提示している。具体的に，Daniel et al.（1998）のモデルによると，投資家は，誰もが入手可能な公開情報よりも，自分が収集した私的情報への過剰な信頼傾向（自信過剰）をもっている。自身の信念・判断に反する，新たな公開情報が到来したときに，私的情報に過大なウェイトを置くために，信念の改訂が緩慢になり，価格変化は緩やかになる。また，自己帰属バイアスは，投資家自身の私的情報に沿う公開情報が入ってきたときに，ますます私的情報に基づく投資判断に偏るため，これが過剰反応を引き起こす。最終的には，信念の改訂を促進するほど十分な量の公開情報が入ってくると，ようやく価格は本来のファンダメンタルに近い方向へ反転し，これがリバーサル現象を生じさせる。Barberis et al.（1998）では，新規の情報に対して，現在の信念を変更せずに維持する保守性バイアスは，投資家のニュースに対する過小反応につながる。他方で，特定

のパターン発生を過剰に一般化する代表性バイアスは，過剰反応を説明できる。

情報に対する過剰反応バイアスは，日本市場特有の短期リバーサル現象での，株価の急激な下落や上昇を考察するうえで重要である。特に，本書では，第3章において，クラッシュ現象を素材とするため，短期リバーサルと関連する部分も大きい。つまり，過去のアノマリー研究で観察された短期リバーサル傾向の解明に対しても，本書の分析が貢献できる面がある。

4 マスメディア効果の論点整理

4.1 マスメディア分類

最初に，マスメディアの情報伝達機能を考察するにあたって，その形態を簡潔に整理する。1つの類型化の軸は，媒体による区分である。伝統的には，4大マスメディアまたはマスコミ4媒体という，テレビ・ラジオ・新聞・雑誌の区分けである。これに加えて，通常，ニュースワイヤサービス（ダウ・ジョーンズ等）は，一般的に，企業・金融機関・機関投資家向けに提供される。さらに，発達著しいインターネットによる情報伝達がある。一般的なマスメディアの定義では，一般大衆向け情報サービスに限られるため，主に企業向けのニュースワイヤサービスは含まれないが，ファイナンス研究では，新聞・雑誌記事・ニュースワイヤ記事を一括して含むデータベース（Factiva等）に依拠するケースも多い。主要新聞，たとえば米国では，New York Times（NYT），Wall Street Journal（WSJ）などに限定する場合は，個人投資家層への情報伝達を念頭に置いた研究となり，ニュースワイヤーを含む場合は，幅広く，市場参加者全体へのニュース波及効果を分析することに適している。ファイナンス分野でのメディア効果研究では，新聞・雑誌およびニュースワイヤサービスの，いわゆる活字媒体を素材としたものが多数を占める。以下でレビューする先行研究も活字メディア中心の構成となっている[6]。

4.2 情報効率性

　図1-1は，マスメディアの株式市場における機能を，先行研究を整理して概念図化したものである。以下で，各効果別に先行研究の内容をレビューする。主な論文ごとの要約は，章末の付録2にも整理している[7]。

　マスメディア効果の最も基礎的な対立軸は，情報非対称性を緩和する「情報効率性効果」と過剰反応を引き起こす「投資家センチメント効果」である。順番に前者から説明していくと，マスメディアの一義的な経済社会における機能

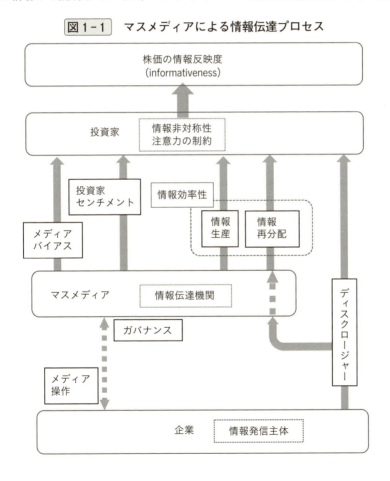

図1-1　マスメディアによる情報伝達プロセス

は，公衆への情報提供である。したがって，金融市場におけるメディアが果たす役割は，市場参加者に追加的な公開情報を提供することで，投資家と企業間にある情報非対称を埋め，より効率的な価格形成に寄与することである。先の逆選択問題の説明で見たように，企業のファンダメンタル価値について，投資家が識別できない場合，優良企業の過小評価と劣悪な企業の過大評価が生じる。マスメディアによる情報提供は，これを是正し，株価がファンダメンタル価値に収束することを促進する。このような情報非対称性の緩和機能は，企業ディスクロージャーやアナリストによる情報提供の役割として，すでに豊富な先行研究の蓄積がある。全般的な効果の識別方法として，超過収益率が小さい場合，モメンタムやリターン・リバーサルの抑制要因となっている場合は，情報効率性効果が支配的であると判断される。増幅要因となっている場合は，投資家センチメント効果が支配的と考える。また，市場流動性も，情報非対称性の深刻度の尺度として用いられることが多い。この場合，情報効率性の増加は，ビッドアスクスプレッドの縮小として観察される。

　Fang and Peress（2009）は，米国の主要全国紙（WSJ, NYT など）による新聞報道量（メディアカバレッジ）の情報効率性改善の効果を示している。メディアカバレッジのある株式グループでは，メディアカバレッジがないグループと比較して，超過リターンが有意に低いことを発見している。Tetlock *et al.*（2008）は，WSJ およびダウ・ジョーンズニュースサービスに収録されている個別企業の記事をテキスト分析している。その結果，否定的内容を含む記事は，過去利益の履歴などの情報群をコントロールしてなお，将来の利益低下を有意に予想できる。これは，利益数値などの定量的情報に加えて，新聞記事という定性的情報の提供が，ファンダメンタル情報を含んでいる点で新たな示唆がある。Kothari *et al.*（2009a）は，記事内容のテキスト分析による，マスメディアの役割に関する，他の主要な投資情報源（会社発表ディスクロージャー資料，アナリストレポート）との比較研究である。その結果は，他の情報源よりも，メディア記事の好意的内容は，資本コスト，ボラティリティ，アナリスト予想分散を低下させている。彼らは，経営陣やアナリストはその利害

関係から正確な情報提供インセンティブに欠けるが,メディアには中立的な立場からの発信という優位性があると解釈している。Tetlock（2010）は,長期間かつ包括的なニュースデータを用いて,ニュース流入は,リターン・リバーサルを弱めることを観察し,公開情報が,投資家間の情報非対称性を緩和することを示した。沖本・平澤（2014）は,QUICK 経由のニュースに,ポジティブ・ネガティブの内容情報を加味して,TOPIX 日次リターンへの正の相関を見出している。この効果にはリバーサルは観察されず,したがって,情報効率性効果と整合的である。マスメディア効果の国際比較分析もある。Griffin et al.（2011）は,金融市場の発達した国では,ニュースに対する株価反応が大きいこと,そして,マスメディアの品質が高い国で特にその傾向が強いことを発見している。Dang et al.（2015）は,ニュースの同調性が高い国では,情報発信制度が脆弱であり,また,株価の同調性も高いことを示している。

ここで,先の媒体別の区分とは別に,マスメディアの伝達する情報内容の区分を整理することは,この分野の理解に有益である（表 1-1）。一般的に,メディアの情報伝達には,①情報再分配（information redistribution）と②情報生産（information production）の 2 つの異なる機能が存在する。両者に対して,必ずしも相互排他的に厳密な区分ができるわけではないが,概ね,①の情報再分配は,企業が発信している義務的・自発的な開示情報を,マスメディアが,定型化された記事や速報ニュースとして提供することを指す。たとえば,決算発表の数字のみを,新聞が決算短信欄に掲載することや,ごく短い記事で報じることなどがこれに該当する。②の情報生産は,マスメディア独自の調査分析機能を生かして,記事・ニュースを報道することを指す。たとえば,最もわかりやすいケースでは,粉飾決算のスクープ記事がありうるし,また,決算発表情報に独自の分析や解釈を加えて,豊富な情報量の記事を提供することが含まれる。

①と②を明示的に区分した分析として,Bushee et al.（2010）は,利益公表周辺の市場流動性への効果に焦点を当てている。情報非対称性を反映するビッ

表 1-1 情報タイプの類型化

情報タイプ	機能	性質	例
速報ニュース (flash news)	情報再分配 (information redistribution)	ハード情報 定量的・数値情報	決算短信
解説記事 (Full article)	情報生産 (information production)	ソフト情報 定性的・テキスト情報	コラム記事 業界比較 分析記事

ドアスクスプレッドは、メディアカバレッジの増加によって改善する。これは、マスメディアによる情報再分配効果によって多数の投資家が情報を有効に活用することを意味する。他方で、調査報道を含むメディア独自ニュースは、有意な効果をもっておらず、情報生産機能は支持されていない。Drake et al. (2014) は、利益公表関連ニュースによる、株価ミスプライシング是正への効果を分析している。株価がキャッシュフロー情報を十分反映しないというミスプライシングは、利益公表周辺のメディアカバレッジによって減少している。この効果の強さは、ニュースの中でも、速報ニュース（flash news）に顕著であり、独自ニュース（full articles）では弱いため、メディアは、ニュースを幅広く普及させる情報再分配機能に強く、情報生産機能は弱いと結論している。対照的に、Miller (2006) は、会計不正を対象とした分析によって、メディアの情報生産機能を支持している。記者独自の調査報道記事は、他の情報源からの再分配記事よりも、大きな株価反応のインパクトをもつことを示している。

厳密な対応関係ではないが、単純な数値情報の伝達は、「ハード情報」の再分配であり、解説記事は「ソフト情報」の情報生産とすることも分類上可能である。Engelberg (2008) と Demers and Vega (2014) は、利益公表数値など、ファンダメンタル価値への効果を推定しやすい量的情報を「ハード情報」、企業情報開示書類やニュース記事に含まれる数値を超えた質的内容情報を「ソフト情報」と定義している。そして質的情報をテキスト分析により定量化し、株価形成への追加的説明力を明らかにしている。

4.3 投資家センチメント

　ここまで見てきたように，情報効率性効果では，合理的な投資家と企業を想定し，文字通り，二者間に存在するファンダメンタル情報の偏在を埋める形で，メディア発信情報が効率的な情報伝達の役割を果たすことが強調される。対して，「投資家センチメント効果」では，マスメディアによる情報供給が，投資家による過剰反応を促進し，それが，ファンダメンタル価値と乖離した株価の一時的な高騰や下落を引き起こす。しばしば引用されるシラー（2001）〔4章〕では，新規のファンダメンタル情報を伴わないマスメディア報道が，投資家の過剰反応の連鎖反応を引き起こすことや株価変動からニュースへのフィードバック・ループを通じて，バブルやクラッシュの増幅要因となることを論じている。情報非効率な株価形成のメカニズムを理解するうえで，DeLong et al.（1990）や Shleifer and Summers（1990）のフレームワークモデルが有益である。そこでは2つの異なるタイプの投資家を想定する。1つのタイプは，アービトラージャー（arbitrageour）と呼ばれ，ファンダメンタル価値から乖離した価格に対して，代替的証券との間で裁定取引を行うことでリスク無しで利益を獲得し，ひいては，価格が適正な水準に収束することに寄与する。ノイズトレーダー（noise trader）は，情報に対して非合理的な判断を行い，彼らの投資は，価格をファンダメンタル価値から乖離する方向へ働く[8]。たとえば，ある企業の利益向上に関するニュースを見たノイズトレーダーは，その情報のファンダメンタル価値へのインパクトを過剰に見積もり，高い価格での注文を出すかもしれない。効率的市場仮説が示すように，ノイズトレーダーがたとえ存在していたとしても，アービトラージャーによる裁定取引が無制限である，つまり，投資対象との代替的証券が存在し，取引コストも無視できるのであれば，迅速にミスプライシングは解消され，ノイズトレーダーのセンチメント，つまり非合理的な情報判断は価格形成に影響しない。しかし，現実的には，代替的証券の不足や取引コストの負担から，瞬時にノイズトレーダーの注文が価格変化なしには吸収されない状況が生まれる。この場合，一定のタイムラグを

伴って適正価格への調整がなされる。

したがって，この議論での「投資家センチメント」とは，字義的な意味での「感情」というよりもむしろ，行動ファイナンス分野での，合理的な予想（ベイズ推定）から乖離した信念（belief），判断（judgement）を指している。たとえば，Barberis et al. (1998) での過剰反応モデルの投資家センチメントは，代表性ヒューリスティックを取り入れている[9]。そのバイアスは，対象の目立った特性を過剰に重視して，本来はランダムな事象に特定のパターンがあると思い込むことを指す。Barberis et al. (1998) の例を挙げると，過去数年間に顕著な利益成長を遂げた高業績企業に対して，投資家は，単なる幸運が続いたにすぎない結果を，基礎的な収益力が高いことのシグナルであると，偏った予想を形成するかもしれない。Daniel et al. (1998) でのセンチメントは，私的情報に合致した公開情報への過剰な重視傾向という自己帰属バイアスを指している。

いずれにしても，メディア報道が，投資家センチメント効果を持つ場合には，ノイズトレーダーの非合理的な投資行動（情報への過剰反応）が，一時的な株価の上昇（下落）を引き起こし，その後の下落（上昇）というリターン・リバーサル（反転）現象を生む。ファイナンス分野では，センチメントに限らず，合理的な情報要因ではない，株式の需給に影響された短期的な株価変化と反転現象のことを，「価格圧力（price pressure）効果」とも呼ぶ。

Tetlock (2007) は，投資家の悲観的センチメントの株価への影響をテストするために，米国WSJのコラム記事のテキスト分析を行った。理論的予想は，もし，記事が企業のファンダメンタル情報を伝達する性質であれば，悲観的記事は株価の永続的下落をもたらす。対して，もし記事が，ファンダメンタルとは無関係な投資家センチメントを反映するものであれば，株価下落はその後修正され反転傾向を示す。結果は，投資家センチメント仮説を支持しており，悲観的記事掲載による一時的な株価下落は，1週間以内に反転する傾向を示している。Tetlock (2011) は，陳腐化した (stale) ニュース，つまり，過去ニュースと類似性の高いニュースに対しては，株価反応は小さいことを示している。

また，その反応は，その後反転傾向を示し，投資家の過剰反応を示唆している。Hillert et al.（2014）もまた，メディア情報への過剰反応を，メディアカバレッジが多い株式の，大きな価格モメンタムとその後のリバーサル現象によって示している。

　García（2013）は，米国 NYT の1905年から2005年のほぼ1世紀にわたる長期の新聞記事データベースを用いている。そのテキスト分析結果は，Tetlock（2007）と同様に，否定的記事の掲載は，一時的な株価下落とその後の反転現象を引き起こしており，投資家センチメント仮説と一致している。そして，景気後退期でのセンチメント効果が，景気回復期よりも強いことを発見している。このような景気状況に応じた非対称なパターンの理由として，心理学分野での，人間の意思決定が，ポジティブよりも，むしろ，怒りや悲しみなどのネガティブな感情によって影響を受けやすいという傾向を指摘している。日本市場での分析として，岡田・羽室（2011）は，ブルームバーグ情報を用いて，独自のニュース分類を行い，センチメント指数の悪化が，ボラティリティの増加と相関することを示している。五島・高橋（2016）は，ロイター情報（英文版）を独自分類とファイナンス辞書を使って解析し，ニュースのポジティブ・ネガティブの区分は，リターンを同じ方向に動かす効果をもつが，その後にリバーサルが観察されることを報告している。Bhattacharya et al.（2009）は，米国のインターネットバブル時期の IPO 株データを活用して，メディアの扇動効果（media hype）を分析している。この時期のメディア報道は，非 IPO 株に比べて，相対的に IPO 株に対する好意的記事が多数になる。そして，この傾向は，超過リターンを高める要因となっているが，その説明力は小さい。

　米国では，WSJ 連載の有名コラム "Dartboard Column" を使って新聞記事の価格圧力効果（センチメント効果）を示している。そのコラムでは，プロの証券アナリスト4人を選び，銘柄推奨をしてもらい，他方で，WSJ のスタッフが文字通りダーツ投げでランダムに選んだ銘柄（"Dartboard Stocks"）とその後のパフォーマンスを競わせる趣向である。Barber and Loeffler（1993）や Liang（1999）によると，プロの推奨銘柄は，記事掲載後に数日間の高い超過

リターンを経験する。この株価上昇が永続的であれば，プロの目利き能力の証拠（情報仮説）であるが，実際の結果では，その後反転して下落する傾向がある。これは，有力メディアであるWSJの発する目立った情報に対する投資家の典型的な過剰反応の結果であり，投資家センチメント仮説と一致している。

情報への過剰反応とは対照的に，公開情報への投資家の過小反応も報告されている。米国市場の実証研究では，長期の株価モメンタム現象，つまり，過去の株価上昇（下落）とそれに引き続く将来の株価上昇（下落）傾向が数多く発見されており，このアノマリーを解く要因としてニュースに着目した研究もある。Chan (2003) は，ニュースに対するドリフト現象を発見しており，これは公開情報への過小反応と一致する。Vega (2006) もまた同様に，利益公表後のドリフトが，メディアカバレッジの高い株式に発生することを示している。

4.4　投資家注意力効果

マスメディアが経済社会で情報伝達機能を担う理由の1つは，投資家の情報への注意力・情報処理能力に限界がある点に求められる。時間的な制約と物理的な制約から，投資家はあらゆる企業の情報を収集して，厳密な分析・判断を個々に行っていくことは不可能である。特に，投資家タイプを，機関投資家（institutional investor）と個人投資家（individual investors）に大きく分けると，後者において，注意力の限界がよく当てはまる。証券投資を専業とする金融機関・機関投資家は組織的に，比較的十分な時間と資力・設備を利用可能であるため，情報収集・情報分析することへの制約は小さい。他方で，個人投資家は，日頃から継続的に注目する銘柄数には限界があるうえに，それを分析する能力についても，機関投資家には及ばない。マスメディアは，日々，限られた紙面や放送枠のスペースで，どの情報を取捨選択して記事にするか，あるいは，どの程度の扱いで取り上げるかを決定している。そして，読者・視聴者・投資家は，必然的に，マスメディアが取り上げた情報を目にするが，（別経路で情報入手しない限り）取り上げなかった情報はその存在すら知ることはない。

このような投資家注意力の価格形成への影響には二面性がある。1つには，

情報効率性改善に対応して，マスメディアによる注意喚起が，無視されていたファンダメンタル情報の株価反映を促すケースである（Klibanoff et al.（1998）など）。また一方では，投資家センチメントと対応して，過剰な報道や投資家バイアスが，株価形成の過剰反応を生むケースもありうる（Hillert et al.（2014）など）。

理論的に，Tversky and Kahneman（1981）によるフレーミング効果（framing）は，マスメディア効果の研究における読者・視聴者の心理的バイアスとしてしばしば引用される。フレーミングとは，実質的に同じ内容の問題に対して，問題記述の方法を変えることによって，人間は異なる選択を行う傾向があることを指す。マスメディアは，無数の情報源の中からニュース・記事を選択し，その取り上げ方や，表現方法を独自に決定する。これは結果的に，視聴者・読者・投資家の注目度にも影響を及ぼす[10]。また，ファイナンス分野からは離れて，一般的なマスコミュニケーション研究では，人間の注意力やフレーミングと関連する「議題設定機能（agenda-setting）」が，主要なメディア効果として研究されている。この機能の下では，情報の受け手が，マスメディア情報によって，対象（政党，政治家，事件，政策など）に対してどのような主観的評価や世論を形成するかというレベルではなく，どの議題・トピックスを重要視するかというレベルで影響する[11]。

投資家による情報認知の制約を標準的な資産価格決定モデルに応用し，投資家認知度仮説を提唱したのが Merton（1987）である。情報に関して完備な市場のモデルでは，情報発信とその株価への反映は即座に生じる。しかし，Merton（1987）の例を挙げれば，大手企業の決算利益や配当情報に対しては，比較的速やかにその情報処理と株価への織り込みが達成される。しかし，小規模企業の業績情報は，その情報の認知度の低さから実際に投資に活用されることが起こりにくい。モデルでは，ある証券の投資家による認知度が制限されているとき，当該証券への投資家による分散投資もまた制限される。均衡では，このリスク分散メリットの制約が，リスクプレミアムとして，認知度の低い証券への期待リターンを高める（価格は低下する）。

個人投資家の実際の投資行動によって，Barber and Odean（2008）は，直接的に購入と売却への効果の違いから，投資家の注目度を分析している。空売り制約のもとで，株式の売却局面では，すでに売却候補の保有株式について一定の情報をもっているため，ニュースが発生してもその新情報への注目度効果は小さい。他方で，事前の知識が全くない無数の銘柄の中から購入株式を選ぶ局面では，注目を惹くニュースがあるかどうかが選択判断にとって決定的である。この仮説では，注目度の高いニュースが発生すると，それは，売却よりも購入行動を大きく促進する。分析結果では，個人証券口座での取引履歴を調べ，大きな業績変化・出来高変化・ニュース報道などの注目度の高いイベントが発生した銘柄に対して，売却よりも購入が増加することを発見している。つまり，多数の銘柄からの購入選択では，投資家の注意力という希少な資源は，注目度を喚起するニュースに向けられる。少数の保有銘柄からの売却では，注意力は十分行き渡っており，ニュースが持つ注意喚起効果は小さい。

興味深いケーススタディとして，Huberman and Regev（2001）は，画期的な癌治療方法の開発という新情報の株式市場反応効果を見ることで，投資家認知度の影響をうまく描き出している。1997年11月に学術専門誌ネイチャーにEntreMed社の研究成果が掲載された。それは各種メディアに取り上げられたが，株価の上昇は微弱であった。ところが，翌年5月にNYTがその同じ内容の情報を，一面記事での特別レポートとして報道すると，大きく株価は高騰した。この一連の流れは，大手メディアの投資家認知度を喚起する効果を捉えている。つまり，効率的市場仮説が成立しているのであれば，5月時点での一面報道での報道は新情報を含んでいないので，株価は反応するはずはなく，むしろ前年の11月時点で十分株価は上昇しているはずである。また，市場反応は，同じバイオ業界他社にも伝染効果（contagion）があり，大きな投資家注目効果は，その外部波及効果も強いという点で示唆に富む。Klibanoff *et al.*（1998）もまた，メディア報道への注目度効果を明らかにしている。クローズドエンド・カントリーファンドは，そのファンダメンタル価値をNAV（Net Asset Value）によってはっきりと識別できるため，実際の価格とのミスプライシン

グを客観的に計測しやすい。彼らは，NYT の一面に投資対象国の記事が掲載されると，NAV に対する価格ディスカウント率が縮小する，つまり，投資家の過小反応が低下することを発見し，メディアによる注目度の高い（salient）情報提供が，ファンダメンタル情報を効率的に反映する効果を示している。投資家注意力仮説の検証には，実際に注意を引きつけるイベントを特定化することが分析上の最も難しい点である中で，Yuan（2015）は，ダウ・ジョーンズ株価指数の過去最高記録と NYT・Los Angels Times の一面記事でのメディアカバレッジを調べ，そうした市場共通の注意喚起イベント（marke-wide attention）に反応して，個人投資家は，売り注文を出す傾向が強く，それは株価下落にも影響することを示した[12]。

　投資家の注意力が希少資源である場合，多数の投資銘柄候補は相互に注意を引きつける競合関係にある。そのため，注意が他の対象に逸れているとき，当該証券の株価反応は小さくなる。DellaVigna and Pollet（2009）の興味深いアイデアでは，「金曜日」の投資家は，週末の休みへの過ごし方に注意が逸れている，つまり，希少な注意力が証券投資以外の活動に費やされている。この仮説と一致して，金曜日の利益公表への株価反応が，その他の曜日よりも小さく，そのため，その後の株価ドリフトが大きくなる傾向を発見している。Hirshleifer et al.（2009）によると，同じ日に多数の企業が利益公表するという注意力の競合関係が，やはり，利益公表への株価反応鈍化とその後の株価ドリフトの強化として表れている。日本市場においても，森脇（2016）は，決算発表の集中化が，株価ドリフト傾向を強めることを報告している。Azuma et al.（2014）は，メディアカバレッジの大きな株式に対しては，アナリスト予想改訂後のドリフトが小さいことを示している。これは，メディア報道に基づく投資家のベイジアン型の信念改訂と一致している。岡田・佐伯（2014）は，利益発表後のドリフトが，ブルームバーグ情報で測ったプロ投資家の注意増加によって抑制されることを示している。Da et al.（2014）は，急激なニュース発生と対照的に，緩慢な情報フローは，投資家の注意を引きつけないため，株価モメンタムを形成することを示した。そして，メディアカバレッジが低いケー

スで，この傾向が強くなっている（frog-in-the-pan 仮説）[13]。

　マスメディアによるニュース提供は，情報の供給面を捉えている一方で，投資家の注意力を，実際の行動から直接観察するアプローチも進んでいる。投資家が本当に情報を需要し，それが結果的に情報検索に結びついているか，Google での企業名検索履歴 SVI（Search Volume Index）を用いた研究もある。それらの研究は，SVI が株価や取引高に実際に影響を与えているかを分析している（Da et al. (2011)，Vlastakis and Markellos (2012)，Drake et al. (2012)，Takeda and Wakao (2014)）。また，最近の研究では，グッド情報への注意の引きつけとは対照的に，ネガティブな情報への注意回避行動という選択的注意（selective attention）が，ポートフォリオへの注意を心理的に忌避させる効果として分析されている。これは，たとえば株価下落情報を投資家が得た後に，自身のポートフォリオを見ることはその効用を低下させるため，意図的に注意を逸らして効用悪化を未然に回避する傾向である（「オーストリッチ効果」Karlsson et al. (2009)）[14]。Sicherman et al. (2015) は，個人投資家による証券口座へのログイン回数を実際の注意行動変数として用いて，マスメディアによるニュースの後ではログイン回数が増加するが，市場の変動係数 VIX 上昇の後は，自分のポートフォリオを見たくないという心理が働き，ログイン回数が減少することを発見している。

4.5　メディアのコーポレートガバナンス

　伝統的に，「社会の木鐸」として政治権力への監視機関の役割を担うマスメディアは，経済・金融市場では，企業不正への監視機能，ひいては，コーポレートガバナンスの一端を担うことを期待される面がある。これは，定期的な決算情報の伝達とは異なり，会計不祥事のスクープなどの顕著に大きなニュースに属する事柄である。Dyck et al. (2010) による論点整理を借りると，本来，「金融リスク的見地（financial risk view）」では，経営陣の規律づけは，残余利益請求権者であり，企業リスクを負う株主（あるいはその代理人である取締役や監査人）が各種のモニタリングによって行う。または，「法的見地（legal view)」からは，証券監視委員会など法的機関による告発も制度化されている。そして，メディア報道のガバナンス効果への経路では，経営への批判的報道を通じて，①経営陣の雇用・報酬などの金銭的便益を律する効果，および，②経営陣の社会的評価を変化させる効果をもつ。これは最終的に，情報開示インセンティブ改善やモラルハザード防止機能をもちうる。Miller（2006）は，米国での会計不正事案を素材として，新聞記者による独自調査報道（情報生産）と，監査人や法的機関等の告発情報の伝達（情報再分配）の両方があること，および，市場反応は独自報道において高く，情報再分配の場合では小さいことを示した。Dyck et al.（2010）は，より幅広いタイプの株主代表訴訟事案を調査し，216件中22件（15％）がメディアによる告発であることを報告している。Dyck et al.（2008）は，企業不正が顕著であり，コーポレートガバナンスの悪化が特に問題視されていた時期のロシアを素材として，海外メディア報道が，株主にとって好ましくない企業行動の是正に貢献することを示した。企業不正とまでは至らないが，経営政策へのメディア効果を見るため，Liu and McConnell（2013）は，価値棄損タイプの企業買収行動を調査し，買収計画公表後のメディアカバレッジやその批判的内容が，買収を断念させる効果をもつことを示した。これは，経営者の利益相反行動を抑止するガバナンス効果である。経営陣の金銭的便益への直接的なメディア効果として，Farrell and Whidbee（2002）は，メディア報道の経営者交代への効果を，Core et al.（2008）は過大報酬への批判的報道の効果をそれぞれ分析している。

4.6 戦略的メディア操作

　企業にとってメディア報道は実際には完全に外生的なものではなく，意図的にニュースソースを変化させる，あるいは，メディア対応を積極的に行うことで，ある程度のコントロールを及ぼすことができる。特に，M&AやIPO，新株発行などの，株式を対価とする重要な資金調達の際には，その可能性が高くなる。メディア操作は，株価の過大評価を促すこともありうるし，あるいは，シグナリング効果によって本来あるべき適正評価に株価を近づけることもある。

IR（インベスターリレーション）専門業者採用の効果を見た研究として，Bushee and Miller（2012）は，IR による操作によって，企業のメディアカバレッジやアナリストカバレッジが向上することを発見している。Solomon（2012）もまた，IR 業者採用が，好意的なメディア論調を形成し，株価を上昇させる効果をもつと指摘している。

企業ファイナンス前後でのメディア操作を分析した研究として，Ahern and Sosyura（2014）によると，M&A での対価支払いが固定株式交換比率方式であるとき，企業は交渉期間中に株価を吊り上げるようなプレスリリースを行うことがある。そして，交渉完了後の期間では，株価は反転して下落する傾向にある。これは，企業がメディア操作を使って，株価をある程度操作することができることを示唆している。Chahine et al.（2015）は，親会社による子会社公開周辺でのメディア対策をシグナリング理論の観点から検証している。子会社公開前の有益な情報提供（informative news）の増加は，上場時の過小値付け縮小や利益操作低下と相関することを示した。これは，子会社公開という重要な資金調達イベントに際して，積極的にメディア対応することにより，自社の価値の高さを投資家にシグナリングする合理的行動を意味する。

4.7　メディアバイアス

すでに述べた投資家センチメント効果では，投資家自身による情報への反応にバイアスがあり，過剰反応を生み出すとしているが，近年では，マスメディアの報道内容自体のバイアスについての研究が進展している。理論的には，Mullainathan and Shleifer（2005）や Gentzkow and Shapiro（2006）は，読者側が事前知識と一致するニュースを見ることを好む傾向を取り入れて，メディアバイアスをモデル化している。また，Baron（2006）は，ジャーナリスト自身の将来キャリア形成への関心から，世論の注目を集める誘因を導入し，それが一部のニュースを過剰に強調する傾向をモデル化している[15]。

Gurun and Butler（2012）は，地方新聞への地元企業による広告支出増加が，実際に，その企業への好意的報道を促進することを発見している。さらに，こ

の偏向は株価を高める効果をもつ。Ahern and Sosyura (2015) によると，記者の専門性や能力が高い場合，M&Aへの正確な記事が報道される。他方で，企業の知名度が高く，ニュース価値が高く，そして読者の注意を引きつけやすい案件には，不正確で扇動的な記事が報道される傾向がある。この場合，報道への過剰反応の程度も大きくなる傾向があり，株式市場は，メディアバイアスを十分反映していない[16]。

4.8 内生性問題

最後にマスメディア分析の手法上の問題を取り上げる。マスメディア効果の研究では，1つの情報源から多数の媒体を通じて情報が伝達される場合，対象とするマスメディア情報変数をモデルに導入しても，他の観察不可能な経路がモデルで抜け落ちている場合，因果関係は正確に識別できない。これは，マスメディア効果だけでなく，ファイナンス研究全般で起こりうる典型的な内生性問題の1つである。その対処方法として，Engelberg and Parsons (2011) は，米国での地元新聞と個人の証券口座データをマッチさせることで，内生性の問題を解決している。利益公表という同一の情報に対して，地方新聞によっては報道するケースとそうでないケースがある。報道の場合に，その地域の投資家が取引を増加させており，単なる相関関係ではなく，因果関係として，マスメディア報道と取引との関係を識別している。Peress (2014) は，OECD諸国での新聞社ストライキによる新聞休業を自然実験として，その前後の株式市場反応を調べ，実際に，マスメディアによる情報伝達は，株式市場への効果をもつことを示した。Dougal et al. (2012) は，WSJのコラム記事の執筆者が外生的にローテーションで決まる仕組みを利用して，執筆者の差異が，リターンの変動に有意な影響をもつことを識別した[17]。

5 企業固有ボラティリティの計測方法

本書で用いる株価の情報反映度指標の1つは，企業固有ボラティリティ

FSV (firm-specific volatility) である。異常ボラティリティ (idiosyncratic volatility) とも呼ばれる。その定義の基本的考え方を説明すると，株価は，大別すれば，市場共通情報と企業固有情報を反映する。前者は，たとえば，市場動向など分散化不可能な要素であり，後者は個別企業の収益性見込みなどである。FSVとは単純に言えば，ボラティリティ全体のうち，企業固有情報に起因する相対的割合を指す。株価は，一般的に，企業評価指標として，企業買収・実物投資・経営者評価など多様なビジネスの局面で用いられている。そのため，株価が，より強く企業固有情報を反映していれば，企業評価シグナルとしての有用性は高くなる。実際に，Wurgler (2000), Durnev et al. (2004) は，FSV で測った株価のシグナルとしての精度改善が，効率的な実物投資を促進することを示している。つまり，FSV 向上は，経済全体の資本配分を効率的にする役割を果たす。

最も基本的な定式化では，企業固有ボラティリティ (FSV) は，以下の方法で計測される[18]。

$$r_{it} = \alpha_i + \beta_i r_{m,t} + u_{it}$$

r_{it} は，企業 i，日次 t での個別株式リターンである。r_{mt} は，システマティックな変動を捉えるための市場リターンである。u_{it} は誤差項である。このモデルの α_i と β_i を最小二乗法で推定する。リターンの全変動 (Total Sum of Squares) を TSS_i とする。市場リターンで説明できる回帰変動 (Explained Sum of Squares)，つまり，リターンの予測値の変動を ESS_i とする。全変動のうち，市場リターンで説明できる回帰変動の割合である決定係数 R^2 は下記の比率である。

$$R^2_i = \frac{ESS_i}{TSS_i}$$

結局，企業固有ボラティリティは，市場リターン要因ではなく，企業個別要因で説明できる部分であるから以下のようになる。

$$FSV_i = 1 - R^2_i$$

　ちなみに，残差変動 RSS_i（$= TSS_i - ESS_i$）は，企業固有ボラティリティの絶対的な規模であり，FSV を「相対的企業固有変動」と区別して呼ぶこともある。しばしば，R^2 または FSV がゼロから 1 に範囲が限定されるため，これを解消するために，以下のような対数変換がなされる。

$$\log FSV_i = \log \frac{1 - R^2_i}{R^2_i}$$

　以上の推定モデルは最も単純なバージョンであり，研究によっては，株式リターンのラグ，市場リターンのラグ，産業リターンを含むことがある。最も初期の研究の 1 つである Roll（1988）は，CAPM や APT などの標準的資産価格決定モデルの決定係数 R^2 を計測し，システマティックな変動で説明できない部分が予想以上に大きいことを見出した。そこでの R^2 の平均値は，CAPM で 0.179，APT で0.244であり，2 割前後しか説明力がないことを示している。また，その分布は，ゼロに近いものから，0.75を超えるものまで，企業間で大きなばらつきをもっている。R^2 の規模が小さい（FSV が大きい）という傾向は，その後の研究によっても確認され，その要因分析が発展している。個別企業と市場・産業レベルでの収益性相関などのファンダメンタルな要因だけでなく，情報要因の重要性が指摘されてきた。これまでの発見されてきた要因は，主に，①企業情報環境要因と②情報トレーディング要因に分類できる。①では，企業の情報開示が充実する，公開情報の利用可能性が高まるなどの，企業情報環境・透明性の向上を強調する（Jin and Myers（2006）など）。②では，Grossman and Stiglitz（1980）の理論的枠組みが示すように，情報収集・分析し，裁定取引を行う情報投資家の取引が活性化することで，より多くの私的情報が株価に反映されやすくなる（Ferreira and Laux（2007）など）[19]。

　図 1-2 は，日本企業をサンプルに計測した FSV と R^2 の推移である[20]。ここからわかるように，FSV の平均値は0.7程度であり，反対に，R^2 の平均値は0.3前後と小さい。リターン変動の大きな割合が，企業固有変動によるもので

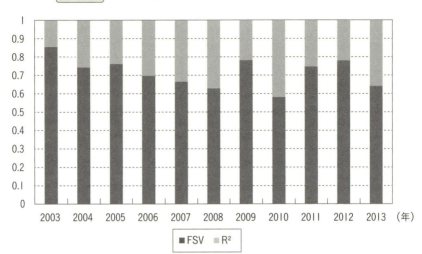

図1-2 企業固有ボラティリティ（FSV）の年度別平均値

(注) 筆者による算出。各年度は4月始まり。東証一部上場企業対象。R^2は市場モデルの決定係数（小数表示）。企業固有ボラティリティ FSV＝1－R^2。

あることがわかる。この数値は，海外の先行研究とも類似している。Jin and Myers (2006) は，サンプル各国のR^2平均値を0.302と報告している。ただし，本書でのFSVは，各年度によって差異が観察されるうえに，企業間でも大きなばらつきがある。こうした企業間のFSV変動を解明することが本書の研究目的の1つである。本書でのアプローチは，①の公開情報の充実化がFSV向上に貢献するかという観点からの分析を行う。特に，マスメディア報道や企業ディスクロージャーによる公開情報伝達プロセスがもつ効果に関して，第2章および第6章で実証分析を行う。

6 株価クラッシュの計測方法

クラッシュとは，短期間での極端に大きな株価下落（急落）を指す。Jin and Myers (2006) が論じるように，経営陣が企業情報を適時適切に開示していれば，株価はスムーズに形成される。しかしながら，経営陣はバッド情報を

隠して，見かけ上の業績を維持するインセンティブをもつ。このような情報隠蔽の能力には通常制約があるため，ある時点において一気にバッド情報が流出する。この場合，株価は大きな下落を生じ，これがクラッシュ発生の１つの要因となる。クラッシュを情報反映度の望ましくない状態を示す指標とみるとき，どのような情報提供体制が適切な株価形成を促すかという問題について考察できる。Jin and Myers（2006）や Hutton et al.（2009）などの主な先行研究は，ディスクロージャー体制の透明性という視点から，クラッシュ現象の要因解明を行っている。本書では，第３章において，マスメディア報道の影響を見るためにクラッシュ指標を活用する。具体的には，マスメディアによる活発な報道姿勢やその集中度が，企業情報の逐次的・迅速な反映につながり，株価急落が少なくなるのか（クラッシュ抑制仮説），あるいは反対に，マスメディア報道が短期的に急激な情報反映につながり，株価急落を増幅するのか（クラッシュ促進仮説），検証していく。特に，日本市場を研究対象とする場合，過去の数多くの研究が，短期的なリターン・リバーサル現象を報告している（Iihara et al.（2004），城下・森保（2009）など）。このアノマリーは，予想可能な急激な株価変化の一形態であり，クラッシュ現象と類似する側面がある。その意味で，クラッシュ現象の解明が，日本市場の株価変動パターンの理解にもつながるメリットがある。

　具体的なクラッシュの定量化に際して，先行研究では，リターンの正規分布を仮定して，特定の閾値を下回るものをクラッシュリターンと定義する。たとえば，**図１-３**は，ある母集団正規分布（期待値０，標準偏差２）から乱数発生させた250個のリターン分布である。これをある株式の年間の日次リターンの実現値とする。このサンプルから算出した平均値は0.000706，標準偏差は1.976である。リターンは，この期待値と標準偏差をもつ正規分布と推定すると，左裾0.01％領域の閾値リターンは，−4.596となる。結局，下から３つ目までが，クラッシュと定義される。同様に，ジャンプ（急騰リターン）は，閾値+4.596を超えるものであり，このケースでは，４つが該当する。

　本書では，企業情報流入による企業個別要因でのクラッシュを分析対象とし

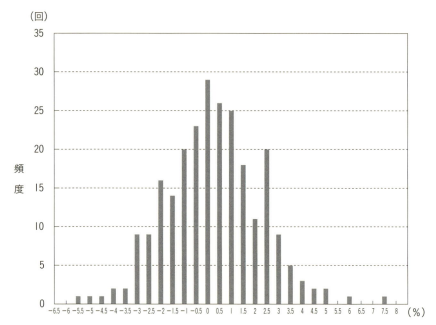

図1-3 正規分布からのリターン発生シミュレーション

(注) 横軸：リターン（%）縦軸：頻度（回）。母集団正規分布（期待値0，標準偏差2）から乱数発生させた250個のリターン分布。

ており，金融危機時のような市場全体の影響からの大規模クラッシュを除去する。そのため，市場インデックスによる市場モデルから推定された超過リターンの分布からクラッシュを計測する。

$$r_{it} = \alpha_i + \beta_i r_{m,t} + u_{it}$$

r_{it} は，企業 i，日次 t での個別株式リターンである。r_{mt} は市場リターンである。u_{it} は誤差項である。このモデルの α_i と β_i を最小二乗法で推定し，残差系列を得て，これを超過リターン ar_{it} とする。

$$ar_{it} = r_{it} - \hat{\alpha}_i - \hat{\beta}_i r_{m,t}$$

ベースラインとなるクラッシュ変数には，正規分布を仮定した方法を用いるが，株式リターンの特性を考慮して，対数正規分布も補助的に用いる。

付録1　マスメディアの接触頻度

この付録では，補足として，投資家が，どのような経路を通じてマスメディア情報に接触しているかを定量的に把握する。ここでは，既存のアンケート調査を紹介していく。**表1-2**は，投資経験者に限らず，一般の人々に対して，NHKが定期的に実施している生活行動時間調査である。これを見ると，テレビ視聴時間が圧倒的に長く，全体で3時間程度である。一方で，新聞は16分（行為者では48分）となっている。**表1-3（A）**は，本書を含む多くの研究が対象とする新聞メディアのWorld Press Trend 2016（WAN-IFRA）による国際比較である。日本は，主な国々と比較して，新聞発行部数が非常に多く，人口当たりに換算した場合，特に顕著である（約400部／千人）。おそらくこの突出した値は，一般家庭に普及している戸別配達制度によるものと思われる。**表1-3（B）**の新聞別のランキングで見ても，上位に多数の日本の主要新聞が入っている。特に，本書の分析が主なデータ源とする日本経済新聞は，経済専門紙でありながら，10位にランクしている。これは，米国のWSJよりも多い。このような日本での新聞メディアの大きな量的プレゼンスは，新聞媒体が伝達する情報の割合の高さを示唆しており，日本市場での新聞によるメディア効果

表1-2　マスメディア接触時間

媒体区分		行為者	全体
マスメディア接触	テレビ	3:52	3:18
	ラジオ	2:44	0:20
	新聞	0:48	0:16
	雑誌・マンガ・本	1:16	0:12
趣味娯楽（ネット）		2:02	0:28

(注) 2015年 NHK 国民生活時間調査より抜粋。単位は，平日の平均時間・分。N＝11,056。

表1-3 各国の新聞発行部数

(A) 主な国別発行部数

国名	発行部数	発行部数/人口
フランス	8,734	160.4
ドイツ	15,786	222.6
イタリア	3,888	74.1
ロシア	8,212	68.5
イギリス	10,943	204.3
中国	146,468	129.1
インド	296,303	317.4
日本	44,330	400.7
米国	41,770	160.3
オーストラリア	1,879	97.2

(注)「World Press Trends 2016」(WAN-IFRA)。有料・無料日刊紙。発行部数単位：1,000部。発行部数／人口：成人1,000人当たり発行部数。

(B) 新聞媒体別発行部数

順位	新聞紙名	国	発行部数
1	読売新聞	日本	9,101
2	朝日新聞	日本	6,622
3	USA Today	米国	4,139
4	Dainik Bhaskar	インド	3,818
5	Dainik Jagran	インド	3,308
6	毎日新聞	日本	3,166
7	Cankao Xiaoxi	中国	3,073
8	Amar Ujala	インド	2,935
9	The Times of India	インド	2,836
10	日本経済新聞	日本	2,729
11	People's Daily	中国	2,603
12	中日新聞	日本	2,452
13	Hindustan	インド	2,410
14	Malayala Monorama	インド	2,343
15	The Wall Street Journal	米国	2,276
16	BILD-Zeitung/BZ	ドイツ	2,220
17	The New York Times	米国	2,134

(注)「World Press Trends 2016」(WAN-IFRA)。発行部数単位：1,000部。

研究の妥当性を示している。最後に，図1-4 (A) は，対象を投資経験者に絞った日本IR協議会による調査内容である。最も情報源として広く活用されているものは，新聞の経済面であり，6割程度に達する。これに，一般的な金

図1-4 個人投資家の情報源

(A) 個人投資家にとっての活用情報源・イベント

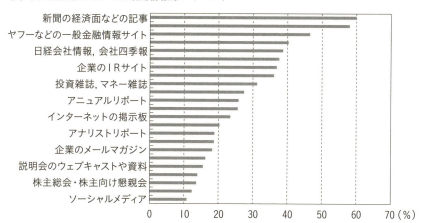

(注) 質問:『あなたが株式投資をする際,現在,以下の情報やイベントをどの程度活用していますか』。「活用している」計 %表示。ソーシャルメディアより下は省略。N=3,231。

(B) 個人投資家にとっての新聞・雑誌情報源

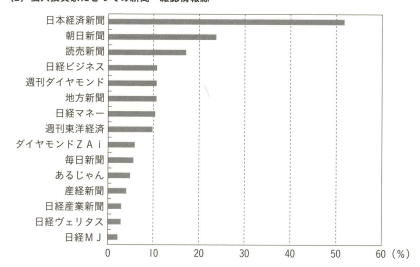

(注) 質問:『あなたが投資情報を得るためにふだんお読みの新聞・雑誌を選んでください(いくつでも)』。%表示。16位以下は省略。N=3,231。
(出所)「個人投資家の投資意識とIRニーズに関するアンケート結果報告書」2010年10月日本IR協議会。

融情報サイトや日経会社情報,四季報などの定期的な投資情報雑誌が続く。**図 1-4 (B)** は,個別の新聞雑誌別のアンケート調査結果である。上位には主要新聞が入っており,特に,日本経済新聞は,全体の約半数が情報源として利用しており,経済金融専門紙としてのプレゼンスの大きさを示している。新聞に次いで,日経ビジネス,週刊ダイヤモンド,週刊東洋経済などのビジネス雑誌の利用度が高い。一般的な生活でのメディア接触時間では,テレビが圧倒的に高いシェアであったが,投資情報に限ると,新聞情報の重要度が依然として高いことがうかがえる。

付録2 マスメディア効果の既存研究リスト

論文 サンプル	メディアデータ 株式市場変数	主要な結果	仮説・効果
Fang and Peress (2009) 米国1993-2002	LexisNexis NYT, WSJ, など 超過リターン	メディアカバレッジのある株式は超過リターン小さい。メディアカバレッジのない株式は超過リターン大きい。	情報効率性
Tetlock et al. (2008) 米国1980-2004	DJ+WSJ 個別企業の記事 将来の利益・株価	悲観的記事は,将来の利益下落と株価下落を予測できる。	情報効率性
Kothari et al. (2009a) 米国1996-2001	DJ Interactive+Factiva (DJ + Reuter) 主要なビジネス記事 資本コスト・ボラティリティ・アナリスト予想分散	会社ディスクロージャー,アナリストレポートと比較して,メディアカバレッジが左記3変数を改善する。	情報効率性 (メディア情報の中立性)
Tetlock (2010) 米国1979-2007	DJ+WSJ 日次リターンリバーサル	短期リターンリバーサルは,ニュース発生によって弱まる。	情報効率性 (情報非対称性緩和)
沖本・平澤 (2004) 日本2007-2011	QUICK ポジ・ネガ情報 TOPIX日次リターン	ニュースのポジティブ・ネガティブ情報は,翌日のリターンを変化させる。リバーサルは観察されない。	情報効率性
Griffin et al. (2011) 国際比較 2003-2009	DJ News Archive リターン	先進国でのニュースへの株価反応は,発展途上国よりも大きい。ニュースへの株価反応は,メディアの品質が高い国で大きい。	情報効率性

Dang et al. (2015) 国際比較 2000–2009	Raven Pack News Archives (DJ, WSJ, Barrons 等含む) ニュース同調性 情報環境指数 株価同調性	ニュース同調性が高い国は，情報環境が貧弱。ニュース同調性が高い国は，株価同調性も高い。	情報効率性
Bushee et al. (2010) 米国1993–2004	Factiva 利益公表周辺の市場流動性（ビッドアスクスプレッド，デプス）	メディアカバレッジの増加は，市場流動性を改善する。メディア独自記事の効果は弱い。	情報効率性（情報再分配機能）
Drake et al. (2014) 米国2000–2010	RavenPack (DJNW+WSJ) 利益発表関連記事 将来超過リターン	利益発表関連記事の増加は，キャッシュフローのミスプライシングを抑制する。特に速報ニュースの効果が大きい。	情報効率性（情報再分配機能）
Tetlock (2007) 米国1984–1999	WSJ コラム記事 ダウ・ジョーンズ指数	悲観的記事による一時的株価下落とその後の反転。	投資家センチメント
Tetlock (2011) 米国1996–2008	DJNW 記事の陳腐性 (staleness) 日次リターン	内容がすでに陳腐化した (stale) ニュースに対する株価反応は小さい。その反応は，その後反転する。	投資家センチメント（陳腐化情報への過剰反応）
Hillert et al. (2014) 米国1989–2009	LexisNexis（主要新聞含む）月次リターン	メディアカバレッジの大きな株式は，価格モメンタムが大きい。その後，反転する。	投資家センチメント（メディア情報への過剰反応）
García (2013) 米国1905–2005	NYT コラム記事 ダウ・ジョーンズ指数	否定的（肯定的）記事は，一時的に株価を下落（上昇）させる。その後の反転。	投資家センチメント（特に景気後退期）
岡田・羽室 (2011) 日本2000–2010	ブルームバーグ センチメント指数 市場ボラティリティ	センチメント指数の悪化は，ボラティリティの増加と相関している。	投資家センチメント
五島・高橋 (2016) 日本2003–2015	ロイター（東京市場の英文ニュース）市場インデックス・出来高	ナイーブベイズ分類器とファイナンス専門辞書によるニュース指標は，翌日への効果を生み，その後，反転する。	投資家センチメント＋ファンダメンタル
Bhattacharya et al. (2009) 米国1996–2000	DJI, Factiva 新聞・定期刊行物・ニュースワイヤ Good, Bad, Neutral の識別 超過リターン	インターネットバブル期には，IPO株への好意的記事が相対的に多い。超過リターンへのメディア扇動効果は存在するが，その説明力は小さい。	投資家センチメント (media hype)

Barber and Loeffler (1993) 米国1988-1990	WSJ "Dartboard Column" イベントスタディ 日次超過リターン	プロ推奨銘柄の一時的株価上昇とその後の反転。	投資家センチメント (価格圧力仮説)
Liang (1999) 米国1990-1994	WSJ "Dartboard Column" イベントスタディ 日次超過リターン	プロ推奨銘柄の一時的株価上昇とその後の反転。過去のプロの勝敗履歴の評判効果。	投資家センチメント (価格圧力仮説)
Chan (2003) 米国1980-2000	DJ Interactive Library 新聞・雑誌・ニュースワイヤ ポートフォリオリターン	ニュースを伴う価格変化は、その後の継続的なドリフト現象を生じる。	ニュースへの過小反応
Vega (2006) 米国1986-2001	DJ Interactive Library PIN, SUR 利益公表後ドリフト PEAD	メディアカバレッジが大きい場合に、ドリフトは大きい。PIN, SUR（情報トレーディング）が高い場合、ドリフトが小さい。	ニュースへの過小反応 (情報トレーディングのPEAD減少効果)
Barber and Odean (2008) 米国1991-1996-1999	DJ ニュースワイヤ 個人証券口座 買い-売りバランス	注意を引きつけるニュース（大きな取引高、株価変化、メディアカバレッジ）は、個人投資家の買い行動を促進する。	投資家注意力
Huberman and Regev (2001) 米国1997-1998	Nature と NYT 癌治療方法の開発 EntreMed 社株価	治療方法の情報への株価反応は、Nature 掲載時には小さかったが、NYT 報道時には急騰（+同業バイオテック関連株への波及効果）。	投資家注意力 (同業他社への伝染効果)
Klibanoff et al. (1998) 米国1986-1994	NYT 一面記事 カントリークローズドエンドファンド 価格と NAV の乖離	新聞一面記事報道があると、ファンドのディスカウント率が縮小する。	投資家注意力 (情報の salience 性)
Yuan (2015) 米国1983-2005	ダウ・ジョーンズ株価指数の過去最高記録, NYT・Los Angels Times での一面記事報道 個人投資家の売買変数	株価指数の過去最高記録達成とメディア報道（市場共通の注意喚起イベント）の直後に、個人投資家の売り行動が強まる。売り行動は、気質効果とポートフォリオ・リバランスと整合的。	投資家注意力 (market-wide attention の効果)
Da et al. (2014) 米国1980-2007	経済記事 情報フローの持続性指数 価格モメンタム	過去リターンで構築した情報フロー変数の傾向が緩慢（持続的）である場合、価格モメンタムは大きい。この効果は、メディアカバレッジが小さいサンプルで顕著。	投資家注意力 (frog-in-the-pan 仮説)

Azuma et al. (2014) 日本2008-2012	QUICK 記事数, 記事センチメント アナリスト予想改訂後の株価	メディアカバレッジが高い場合, アナリスト予想改訂後のドリフトは小さい。	投資家注意力
岡田・佐伯 (2014) 日本2010-2013	ブルームバーグ 利益発表周辺の記事数 利益発表後ドリフト	利益発表時点の記事数増加は, ドリフトを低下させる。	投資家注意力
Da et al. (2011) 米国2004-2008	Google SVI 通常の株式・IPO株	株価のリターンリバーサル・IPO株式の初値の上昇とその後のリバーサルは, SVIの増加によって説明できる。	投資家注意力 (価格圧力仮説)
Takeda and Wakao (2014) 日本2008-2011	Google SVI 株価・取引高	SVIの増加は, 取引高を増加させる。株価を部分的に上昇させる効果をもつ。	投資家注意力 (価格圧力仮説)
Sicherman et al. (2015) 米国2007-2008	VIX, NYT・WSJ一面記事, 401k口座ログイン情報	メディア報道の後に, ログイン回数は増加する。VIX上昇の後に, ログイン回数は減少する。	投資家注意力 (オーストリッチ効果)
Miller (2006) 米国1987-2002	SEC告発の会計不正事案 Factiva 株式リターン	新聞の独自調査によるニュースへの株価反応は大きい。	ガバナンス効果 情報効率性
Dyck et al. (2010) 米国1996-2004	マスメディア（学術誌含む） 株主代表訴訟	マスメディアは, SEC・従業員・アナリスト・監査人などに加えて, 企業不正を告発する主体を構成する。	ガバナンス効果
Dyck et al. (2008) ロシア 1999-2002	FT, WSJ, ロシア国内紙 企業不正行動	海外系メディア報道は, ロシア国内の企業不正行動を是正する。	ガバナンス効果
Liu and McConnell (2013) 米国1990-2010	NYT, WSJ 価値棄損型の企業買収	買収へのメディアカバレッジ増加や悲観的記事は, 価値棄損型買収の撤回確率を高める。	ガバナンス効果
Farrell and Whidbee (2002) 米国1982-1997	WSJ CEO交代	メディアカバレッジ, 特に, 業績悪化への報道増加は, CEO交代確率を高める。	ガバナンス効果
Core et al. (2008) 米国1994-2001	Factiva 経営者報酬への記事 過剰報酬とその是正	報酬への批判的記事は, 過剰報酬のケースで多い。ただし, 記事は報酬抑制にはつながらない。	ガバナンス効果

Bushee and Miller (2012) 米国1998-2004	Factiva IR業者の採用	IR業者の採用は，メディアカバレッジの増加やアナリスト数増加につながる。	メディア操作（認知度向上効果）
Solomon (2012) 米国2002-2006	Factiva IR業者の採用	IR業者採用は，好意的なメディアカバレッジを増加させる。非利益ニュース（ソフト情報）への株価反応は大きくなる。利益公表（ハード情報）への株価反応は小さくなる。	メディア操作
Ahern and Sosyura (2014) 米国2000-2008	M&A前のプレスリリースと主要新聞・雑誌記事（Factiva）	株式交換比率の交渉期間にメディアカバレッジを増加させることで，株価を引き上げる。	メディア操作
Chahine et al. (2015) 米国1990-2009	子会社公開近辺でのニュース（Factiva）	有益情報（informative news）の提供は，企業価値のシグナルとなる。	メディア操作（シグナリング仮説）
Gurun and Butler (2012) 米国2002-2006	地方新聞 偏向報道（media slant） 地元企業の新聞広告費	企業の新聞広告支出は，好意的報道を生む。好意的報道は，株価を高める。	メディアバイアス
Ahern and Sosyura (2015) 米国2000-2011	Factivaの主要ニュース（32新聞） M&Aの推測記事（rumors）	案件が読者の注意を惹く要素をもつとき，不正確な記事が報道される。これを市場は理解しておらず，株価の過剰反応が起こる。	メディアバイアス
Engelberg and Parsons (2011) 米国1991-1996	地方新聞 利益公表関連記事 個人証券口座	S&P500企業の利益公表に対して，地方新聞が報道したときに，当該地域の個人取引が増加。	内生性（情報伝達効果）
Peress (2014) OECD1980-2010	新聞社ストライキ リターン，ボラティリティ，取引高	ストライキ発生期間に，取引高・ボラティリティは減少する。	内生性（情報伝達効果）
Dougal et al. (2012) 米国1970-2007	WSJコラム記事 ダウ・ジョーンズ指数	コラム執筆者のローテーションによって，将来リターンが変化する。	内生性（情報伝達効果）

● 注
1 ここでの説明は，主に，Healy and Palepu (2001)，スコット (2008)〔11章〕，Salanié (1997)〔ch.4〕を参考にしている。
2 吉本 (2015) 第6章参照。
3 宍戸・大崎 (2015) 第4章参照。

4 東京証券取引所上場部 (2015) 参照。
5 Vega (2006) は，PIN (private information number) と SUR (earnings surprise) の効果を比較して，私的情報と公開情報の区別ではなく，情報トレーダーと非情報トレーダーの区別が重要であると結論している。
6 テレビ放送やインターネットについては，第7章において述べる。
7 ここでの解説は，阿萬 (2015) を一部参考にしている。
8 アービトラージャーは「情報トレーダー (informed trader)」「合理的投資家 (rational speculator)」，ノイズトレーダーは「流動性投資家 (liquidity trader)」という呼称もある。
9 代表性ヒューリスティックのオリジナルのアイデアは，Tversky and Kahneman (1974) から来ている。
10 Hirshleifer et al. (2009)〔p.2, 294〕は，ストループ効果やマルチタスク効果など，心理学分野でよく知られている人間の注意力制約傾向を整理している。
11 McCombs and Shaw (1972)，竹下 (1998) を参照。
12 投資信託に関して，メディアカバレッジ増加が，ファンドへの資金フローを増加させるという研究もある (Solomon et al. (2014), Kaniel and Parham (2017))。
13 この呼び名は，日本語では「ゆで蛙」のストーリーとして知られている。一般的に，緩慢な環境変化に対して，それに気づかずに対応が遅れることを指す。
14 「オーストリッチ効果」の呼称は，この動物が，自分の頭を砂の中に隠す奇異な行動に由来する。
15 もちろん，ガバナンス効果で見たように，企業不祥事の告発・スクープ記事が，ジャーナリストのキャリアや評判を高めるという望ましいメカニズムもあり，その社会的意義は大きい (Dyck et al. (2010)〔p.2236-2240〕)。
16 個別株式と異なり，金融商品の中でも投資信託は，個人向けマネー誌での広告掲載があるため，これを素材にメディアバイアスを分析したものに Solomon et al. (2014) や Reuter and Zitzewitz (2006) などがある。
17 Michaely et al. (2016) の研究は，マスメディア効果の直接的検証ではないが，DellaVigna and Pollet (2009) で報告された金曜日固有の過小反応（投資家注意力効果）に対して，サンプル選別バイアスをコントロールする方法を提案している。そこでは，金曜日に情報発信する企業と情報発信しない企業を区別している。そして，金曜日の情報発信企業に対する株価反応は，その他の曜日でも平均的に小さく，したがって，観察不能な企業特性が，過小反応の要因であるという結論を出している。
18 FSV をリスク指標として捉えて，期待リターンへの効果を見る資産価格決定モデルの研究も多数ある (Ang et al. (2006), 廣崎 (2012) など)。本書では，その点はカバーしていない。FSV の決定要因に焦点を当てる。
19 より詳細な FSV に関する先行研究レビューは，第2章および第6章を参照。
20 図1-2のサンプル企業は，第2章・第6章の分析用サンプルに限定されず，幅広いため，異なる平均値を示している。

第2章

企業固有ボラティリティと公開情報

1 企業固有ボラティリティ (FSV) とは

　近年,企業固有ボラティリティ (FSV: firm-specific volatility) を分析することにより,株価はどのように企業情報を反映するかという問題について解明しようという研究が増加している。Roll (1988) は,一般的な資産価格モデルの経済ファクターでは,株式リターンの変動のうち,ごく一部しか説明できないことを示した。より最近の研究は,FSV と相関するいくつかの要因を特定化している。たとえば,Morck *et al.* (2000b) の金融市場発達の程度,Durnev *et al.* (2003) での,将来利益を株価が反映する程度,Jin and Myers (2006) での,国別の会計制度上の透明性指標などである。全体として,これら先行研究によると,より大きな FSV は,より健全に機能する金融制度と関連している。

　本章では,どのように株価リターンの企業固有ボラティリティが,企業と投資家間に流通する「公開情報」の質と量によって影響されているかを検証する。特に,われわれは,実証上のフレームワークにおいて,企業ディスクロージャーの信頼性とメディアカバレッジ(マスメディア報道量)にフォーカスする。

　一般的に,株価が企業情報を反映するプロセスは,全体の株価変動に対する企業固有変動部分を生み出す。その要因を情報の品質面の観点から見ると,ディスクロージャーの信頼性の欠如に起因して,すべての企業固有情報は必ず

しも株価に反映されない。その背景として,経営者は,一時的な過大評価をマーケットから得るために,情報を操作するかもしれない。あるいは,情報自体が経営者によってコントロール不可能な外生的不確実性を含むかもしれない。したがって,企業固有情報が価格に反映される程度は,情報の信頼性に依存することになる。本章では,この仮説を,信頼性指標として経営者利益予想精度(会社予想の正確性)を用いることで,実証的にテストする。興味深いことに,日本においては,大多数の上場企業が,法律上の義務がないにもかかわらず,定期的に利益予想を出す慣行に従っている(Kato *et al.* (2009))。この制度上の特徴は,経営者予想に焦点を当てる本章のアプローチに適している。

次いで,情報フローの量的な側面に関して,企業について数多くのニュース発信があるとき,株式リターンの企業情報反映度を高めるかもしれない。本章での分析では,個別企業レベルでのメディアカバレッジ(マスメディア報道量)を定量化する。具体的には,投資家が認知する企業情報の実際の数量を表す代理変数として新聞媒体からの記事数を用いて,企業固有ボラティリティへの経済的影響を分析する。このようなマスメディアの株式市場への効果を分析する試みは比較的限られている。近年の先行研究は,マスメディアの"株式リターン"への影響を,情報効率性の観点から分析しているものが多い(Chan (2003), Tetlock (2007), Tetlock *et al.* (2008), Fang and Peress (2009))。本章では,これらの先行研究とは異なり,株価の"ボラティリティ"へのマスメディアの影響について考察する。

事前に本章での結果をまとめておくと,まず,メディアカバレッジは,企業固有ボラティリティを高める。このことは,より活発なマスメディア報道は,投資家が利用可能な情報を増加させ,それが,企業固有ボラティリティの反映につながることを示している。また,より正確性の高い経営者利益予想は,株価の企業固有変動部分を高める。そのインプリケーションとして,株価の情報反映度を高めるためには,より信頼性の高い企業ディスクロージャーを促進することが重要となる。また,追加的な分析での,ニュースヘッドライン(新聞の見出し)内容の分析結果によると,決算に関連するニュース増加は,企業固

有ボラティリティを低下させる。これは，決算関連の重要ニュースが，市場共通の情報内容を含むことを意味する。他方で，信頼性の高い経営者利益予想は，利益関連ニュースの企業固有ボラティリティへの限界効果を高める方向へ働いている。

本章の構成は以下のとおりである。第2節は，企業ディスクロージャーとメディアカバレッジの企業固有ボラティリティへの潜在的効果について，実証仮説の提示をする。第3節では，データセットと変数の説明を行う。第4節では実証結果を提示し，最後に第5節で本章のまとめを行う。

2 公開情報の量的・質的側面

2.1 FSVの先行研究

株価の最も重要な属性の1つは，マーケット全体の状況や産業内のビジネス環境のような情報タイプと比較して，企業レベルの情報をどの程度反映するか，という点である。これは，株価がさまざまな状況で企業を評価するためのシグナルを提供すべきという考え方に立脚している。もし，株価が企業評価とは関係ない情報によって変動するなら，企業がどの程度効率的に資本を活用しているかを市場参加者に伝えることはできない。本章で取り上げる「株式リターンの企業固有ボラティリティ（FSV）」とは，そうした企業固有情報を反映する程度を示す指標である。

近年，この指標を用いた実証研究は増加する傾向にある[1]。いくつかの研究は，株価の情報反映度向上が，資本の効率的利用をもたらすことを確認している。Wurgler（2000）やDurnev et al.（2004）は，企業固有ボラティリティの上昇が，企業による効率的な設備投資行動に帰結することを示しており，実際のビジネスオペレーションとの強い関連性を支持している。また，Durnev et al.（2003）は，将来利益を株式リターンが反映する精度は，FSVと正の相関

を持つことを示している。つまり，FSV は，株価のファンダメンタル情報を映すシグナルとして適している。

理論的には，大きく分けて2つの経路から，投資家や企業を取り巻く情報環境の状況が，FSV が示す株価の企業情報反映度を変化させる。第1の経路では，公開情報の量的・質的な充実が，一般投資家にとって直接的に利用可能な企業固有情報を増加させ，それが株価に反映される。Jin and Myers（2006）は，国際比較研究により，制度的な企業の情報透明性の確保が，企業固有ボラティリティを向上させることを発見している。その理論モデルでは，インサイダー（経営陣）による私的利益収奪の抑制効果との関連で，企業の情報透明性向上が FSV を高める点を強調している。第2の経路では，私的情報を収集・分析して取引を行う情報トレーダーの活動が活発になれば，そのことが，より多彩な企業情報の株価反映につながる可能性がある。Morck et al.（2000b）によると，先進国市場と比較して，金融制度が未整備な新興市場では，企業固有ボラティリティは低い傾向にある。この差異は，政府による財産権の保護などの制度整備が，情報トレーダーの情報収集活動の促進にとって不可欠であることを意味する。Ferreira and Laux（2007）は，買収防衛策の強化が，投資家の情報トレーディングの抑制を通じて，企業固有ボラティリティを低下させるパターンを発見している。

本章での分析は，これら既存研究に対して，第1の公開情報の量的・質的側面からの FSV への効果を分析する。具体的には，経営者予想で計測される企業ディスクロージャーの信頼性，および，企業固有情報の量的側面を捉えるメディアカバレッジを用いる。この2つのキーとなる変数について，次の節で詳細に解説する。

2.2　ディスクロージャー信頼性と経営者予想誤差

前節で紹介した実証研究は，企業の情報環境を反映した要素が，企業固有ボラティリティに影響を与えることを示していた。しかしながら，個々の企業による情報開示信頼性の潜在的な効果に焦点を当てた研究は少ない。企業開示情

報は，通常，企業固有の性質をもつが，それは，外部投資家にとって，いつでも完全に信頼性のおけるものとは限らない。これは，企業経営者が信頼性を高める努力をしないとき，あるいは，さらに望ましくないケースでは，自身の利益のために公開情報を歪めるインセンティブをもつときに当てはまる。この典型的なエージェンシー問題のもとでは，企業ディスクロージャーの信頼性を改善することは，情報の利用価値を高めることにつながり，投資家による情報収集と取引を活性化し，ひいては株価の企業固有情報反映度を高める。以上のことから，本章では，その信頼性で計測される情報ディスクロージャーの品質の良し悪しが，企業固有ボラティリティの程度に影響を及ぼすという仮説について検証する。

情報信頼性の程度を捉えようとするとき，決算情報，M&Aなど，幅広い範囲の情報が，自発的に，または，義務的に，企業によって公開されている点に留意する必要がある。そうした中でも，本章で採用する経営者予想情報は，直接的に企業ディスクロージャーの信頼性を測ることができるという望ましい性質を備えている。Healy and Palepu（2001）が指摘するように，予想の信頼性は，その実現値との比較で客観的に数値化することができる。これは他の信頼性指標，たとえば，証券アナリストによるディスクロージャー評価やランキングなどの主観的要素を含むものと比べた場合のメリットである。

この方法の妥当性について，いくつかの関連研究は，経営者予想精度が，市場に対して真実の情報を開示する経営者インセンティブに依存することを明らかにしている。Rogers and Stocken（2005）によると，株式市場参加者が不正な情報開示（misrepresentation）を発見する能力によって，予想精度は左右される。Ajinkya *et al.*（2005）の分析では，機関投資家の株式所有比率が高く，社外取締役が多いときに，企業は正確な予想を発信する。これらの先行研究が示唆するところは，経営者予想を出すインセンティブ構造は，コーポレートガバナンスでの情報発信への規律づけ効果によって影響を受けるという傾向である。おそらく，経営者予想以外のタイプのディスクロージャーもまた同様の影響を受けていると思われる。

もう1つの経営者予想を利用することの妥当性の根拠は、本章のデータ源である日本市場において、大多数の上場企業は、定期的な決算発表時に、利益予想を公表する点である。これは、経営者予想が純粋に自発的ディスクロージャーの範疇に属する米国市場とは対照をなしている[2]。Kato et al. (2009) は、日本の上場企業の90％以上が利益予想を発していると報告している。この日本固有の事情によって、サンプル選択バイアスを適切に回避しながら包括的な企業サンプルに対して、ディスクロージャー信頼性を計測できるという分析上のメリットを得られる。さらにまた、この一般的な企業慣行は、海外で重点的に分析されているアナリスト予想よりも、むしろ、将来利益の信頼できる予想として、経営者予想の適格性を高めている。実際、太田（2005）は、経営者予想は全体として、アナリストコンセンサスよりも正確性が高いことを報告している[3]。この実証結果は、経営者予想が最も利用価値が高い情報源であることを示しており、そして、経営者予想を主要な変数として採用する本章での研究デザインの妥当性を担保している。

2.3 マスメディアの報道量

企業情報を市場に伝達する主要な社会的手段の1つはマスメディア報道である。本章では、この点に特に着目して、個別企業ごとに相違する公開情報の量を、企業がどの程度マスメディアによって報道されたか、その頻度をメディアカバレッジによって計測する。メディアカバレッジを取り上げる根拠は、企業情報が株式市場に及ぼす影響は、情報が投資家の注意（attention）を惹きつける程度に依存する可能性を考慮するためである。このため、本章の分析では、単一のニュースイベントに対する複数回の報道は、それぞれ独立してカウントされる。実際、Merton（1987）は、理論的に、投資家による企業情報への認知能力欠如のコストが、分散投資の抑制を介して、証券価格形成に反映されることをモデル化している。実証分析でも、Huberman and Regev（2001）が、特定イベントへの株価反応によって、メディア報道による注意喚起効果の重要性を提起している。Barber and Odean（2008）は、個人投資家の取引履歴の

分析を通じて，大きな業績変化やニュースが投資家の注意喚起と取引活性化を促進することを示している．

理論的に，メディアカバレッジは，企業固有ボラティリティに対して2つの異なる効果をもつ．ここでは，それらを「企業固有効果」と「産業内効果」と呼ぶ．企業固有効果とは，ある企業へのメディア報道が，その企業のみに固有の限定された情報内容を伝達することを指す．対して，産業内効果とは，その報道が，産業内の情報を反映する内容を含むことを指す．どちらの効果が，支配的であるかという問題は，事前には未知であり，結局のところ，本章で問うべき実証課題を構成する．Roll（1988）は，資産価格モデルを用いて，メディア報道のリターン変動への効果を見ているが，明確な結果を得ていない．いくつかの海外先行研究は，公開情報としてアナリスト活動の分析を行っている．Piotroski and Roulstone（2004）は，個別企業へのアナリストカバレッジの増加が，企業固有ボラティリティをむしろ低下することを発見している．Chan and Hameed（2006）もまた類似の結果を得ている．この傾向への説明として，アナリストは特定の産業領域に専門化しており，その調査レポートは，投資家にとって産業内共通に有益な情報を生産するためであるとの解釈を提示している．

本章分析でのマスメディア効果への力点という面で，いくつかの最近の研究は研究動機を同じくしており，メディアを通じたニュースの仲介過程が，情報効率性の観点から，"株式リターン"を変化させることを報告している．Fang and Peress（2009）によると，米国市場において，ニュースのあった株式銘柄は，ニュースのない株式よりも，超過リターン（excess return）が低いことから，ニュースの情報効率性向上効果を支持している．Tetlock et al.（2008）は，新聞記事に現れる否定的意味の単語数が，将来利益の低下を予想できるという情報効果を示している．対照的に，Chan（2003）では，ニュースのある株式が，情報を不十分に反映しており，過小反応効果を見出している．Tetlock（2007）はテキスト分析を使って，メディアがもつ投資家センチメント効果の株式リターンへの影響を明らかにしている．

本章では，サンプル企業への単純なメディア報道の集計回数だけでなく，新

聞記事の見出し内容へ踏み込んだニュース効果の分析を行う。これにより，特定のタイプのニュースがもつ潜在的なインパクトについて解析できる。特に，経営者予想や利益業績に関連したニュース見出しを，メディア報道記事から識別している。実際，イベントスタディ手法による株価反応研究の多くは，経営者予想・利益公表が，企業固有効果のみならず，産業内効果も生むことを明らかにしている。Freeman and Tse（1992）は，利益公表タイミングでの産業内企業の株価反応を検出している。Baginski（1987）や Pyo and Lustgarten（1990）は，経営者予想公表を用いて，同様の情報伝播効果を発見している。もし，このような産業内情報伝播が企業固有効果に比して相対的に優位であれば，より多くの利益関連のメディアカバレッジは，企業固有の株価変動を小さくすると予想される。

最後に，本章では，メディアカバレッジと経営者予想の，それぞれ独立での企業固有ボラティリティに与える効果だけでなく，両者の相互効果についても分析に加えている。これにより，投資家にとっての公開情報の利用価値は，その情報品質（予想精度）と情報量（メディアカバレッジ）の積である可能性をテストする。もし相互効果が成立しているのであれば，予想精度の向上は，メディアカバレッジの企業固有ボラティリティに対する限界効果を高める方向に機能する。メディアのニュース種別の中でも，決算利益や経営者予想などの利益関連ニュース量は，その他のタイプのニュースと比べて，特に，経営者予想精度の効果と密接な関係をもつことが予想される。したがって，実証モデルでは，予想精度の改善は，ボラティリティの利益関連ニュース量への反応度を高める，という仮説をテストする。

2.4 研究の特徴・貢献

本章の分析による新規性・学術的貢献は，第1に，企業ディスクロージャーの品質面から，企業固有株価変動への効果を，明示的な信頼性の計測，つまり，経営者予想精度データの活用によって解明する試みにある。われわれの知る限りにおいて，そうした試みは，過去の先行研究において未開拓である。すでに

述べたように，日本の上場企業の大多数が定期的に経営者予想を発信しており，その点で，日本市場のデータ分析は，情報信頼性の企業固有ボラティリティへのインパクトを検証するのに適している。

　次いで，日本市場での分析は，企業固有ボラティリティの決定要因メカニズムの解明に対する，ある種の外挿テストの役割を果たす。先行研究群の圧倒的多数は，国際比較研究や米国市場の研究に偏っており，日本市場を対象とする意義は大きい。後述するように，本章では，日本においても，株価変動の大きな部分が，市場全体の株価動向との連動性では説明できないことを示す。このことから，企業固有情報の効果を検証することは有益である。

　最後に，ファイナンス分野の大部分の先行研究は近年に至るまで，いくつかのすでに紹介した研究を除き，マスメディアの情報伝達効果に関して，注目してこなかった現状がある。これは，メディアが，一般的な理解として，社会的に広く認知された情報伝達機関であるという事実を無視している。われわれの分析は，株価の"ボラティリティ"の観点から，企業固有情報の株価形成におけるメディアの果たす役割をより深く理解することに貢献する。特に，単純なメディアカバレッジの企業別集計量に加えて，新聞記事の見出しの内容を分類することにより，詳細な分析結果を提示する。

3　データ：FSV・メディア・利益予想

　サンプル企業は，東京証券取引所一部上場から，銀行・証券会社・保険会社・クレジット，リース関係企業を除いている。金融業種を除く理由は，金融機関は金融監督当局による規制下にあること，および，自己資本比率等の健全性規制を含む政策要因が投資家にとって特に重要な情報である，という特殊事情による。必要な変数が欠損しているサンプルを除いた結果，最終的に1,148企業が利用された。

　企業固有ボラティリティを計測するために，株価データは日経メディアマーケティングによる日次株式リターンデータベースから得た。日本企業の多数は，

3月を会計年度末としているため,サンプル期間は,2003年4月から2004年3月に設定している。メディア報道量を計測するために,日経テレコン21を用いて,日経4紙から見出しをダウンロードした。

経営者予想と財務データは,日経ファイナンシャルクエストから収集した。経営者予想を発信している企業の比率は,99.9％であり,これは,ディスクロージャー信頼性の代理変数として経営者予想を用いることの妥当性を担保するものである。この数字は,Kato et al.（2009）で報告された2003年の94.1％より,やや大きめである。考えられる理由として,最初のサンプリングの際,証券会社など利益予想を公表していない産業を除外したためである。他方で,Kato et al.（2009）のデータセットは,より幅広い上場企業を含んでいる。

3.1　企業固有ボラティリティ

われわれは,リターン生成モデル(1)を用いて,企業固有ボラティリティを計測する。r_{it}は企業i,時点tの日次リターンであり,r_{mt}は時点tにおける東証株価指数（TOPIX）の変化率として定義される市場ポートフォリオの日次リターンである[4]。加えて,時点t,第k産業共通の株価変動を捉えるために,産業平均リターンr_{kt}が,推定モデルに含まれる。産業分類には,日経中分類36業種が用いられる。第k産業内でのリターンの平均を取る際には,r_{it}とr_{kt}の構成要素重複からの自動的な相関を回避するために,企業i自身のリターンは産業サブサンプルから除外され,企業i以外の同業種企業が対象となる。u_{it}は,市場と産業リターンでは説明されない残差項である。サンプルとなる一年間で,各企業に対して,モデル（1）にOLSを適用して,R^2決定係数を算出する。

$$r_{it} = \alpha + \beta r_{mt} + \gamma r_{kt} + u_{it} \qquad (1)$$

企業固有ボラティリティ（firm-specific volatility: FSV_i）は,1マイナスR^2_iによって計算され,Morck et al.（2000b）にしたがって,境界性を適切に調整するために,対数変換を以下のように行う。

$$\log \mathrm{FSV}_i \equiv \log\left(\frac{1-\mathrm{R}_i^2}{\mathrm{R}_i^2}\right)$$

3.2 経営者予想誤差

　経営者予想誤差は，会計年度末の決算結果から計算される。当期の決算短信公表の際，日本企業は来年度の予想される利益についても公表することが一般的である。3月を決算期末とする多くの企業は，5月に決算短信を公表する場合，10カ月先の結果を予想することになる。通常，項目としては，当期純利益，経常利益，売上高などが予想として公表される。

　当期純利益の予想誤差（$\mathrm{FE\_NPRO}_{it}$）は，(2)のように計算され，同じように，経常利益（$\mathrm{FE\_ORPRO}_{it}$），売上高（$\mathrm{FE\_SLS}_{it}$）も定義される。

$$\mathrm{FE\_NPRO}_{it} = \frac{1}{3}\sum_{t=-2,-1,0}\left|\frac{\mathrm{NPRO}_{it-1}-\mathrm{FNPRO}_{it-1}}{\mathrm{ASSET}_{it-1}}\right| \quad (2)$$

NPRO_{it-1}は，$t-1$期の税引き後当期純利益の実現値であり，FNPRO_{it-1}はその予想値である。$t=0$は当期の会計年度を示す。実績値と予想値の乖離が総資産ASSET_{it-1}で標準化され，その絶対値（誤差）に，過去3年間で平均値をとる。この平均化は，予想誤差変数が，単年度で生じる偶発イベントに過度に影響されることを避けるためである。もし，予想情報の信頼性（予想誤差の逆数）の向上が，より多くの企業固有情報の株価反映に結びつくのであれば，3つの予想誤差変数は，logFSVと負の相関関係が予想される。

　予想誤差に加えて，どのように誤差の方向性がlogFSVに影響するか見るために，予想バイアス（$\mathrm{FB\_NPRO}_{it}$，$\mathrm{FB\_ORPRO}_{it}$，$\mathrm{FB\_SLS}_{it}$）が，モデルに導入される。当期純利益の予想バイアスは（3）として定義される。バイアスは，当期純利益の場合，実績値NPRO_{it-1}からの予想値FNPRO_{it-1}の乖離として計算され，絶対値をとらずに，過去3年間で平均化される。

$$\mathrm{FB\_NPRO}_{it} = \frac{1}{3}\sum_{t=-2,-1,0}\frac{\mathrm{NPRO}_{it-1}-\mathrm{FNPRO}_{it-1}}{\mathrm{ASSET}_{it-1}} \quad (3)$$

バイアスの大きな数値は，より保守的，または，より悲観的な予想を示す。

実際のモデルでは，乖離が正値であれば1（保守的バイアス），そうでなければ0をとる二値変数を用いる（当期純利益 FB_NP_high，経常利益 FB_OR_high，売上高 FB_SL_high）。エージェンシー理論に基づくと，保守性バイアスが小さいことは（例：FB_NP_high = 0），経営陣が利益業績を過剰に見積もる誘因を示しており，結果，予想は本来の収益性を上回る。しかしながら，経営陣があえて意図的に業績を下方に見積もることは可能性としては低い。したがって，この理論が妥当であれば，バイアス変数は，logFSV と正の相関が期待される。

3.3 メディアカバレッジ

メディアカバレッジ変数は，最大の経済専門新聞社である日本経済新聞社によって発行される新聞媒体から，日経テレコン21を使って算定する。実際には，日経4紙である日本経済新聞，日経流通新聞，日経産業新聞，日経金融新聞を利用する。それぞれの発行部数は，おおよそ2007年時点で，300万部，30万部，20万部，5万部である[5]。1つの企業の新聞記事は，テレコンのシステムにおいて，証券コードを使って検索される[6]。

トータルのメディアカバレッジ変数（MEDIA）は，企業への記事数の加重和として計算される。具体的には，日本経済新聞には1のウェイト，その他3つの新聞媒体には，日経新聞との相対的な発行部数によるウェイトが割り当てられる。このウェイトは，1つの記事に対して，投資家の注意を引きつける程度が，発行部数に依存する点を考慮している。加重和の後，対数変換値が用いられる。もしも，メディアを通じて，伝達される情報量が，企業固有情報の株価への反映に寄与するのであれば，logMEDIA は logFSV と正の相関が期待される。

3.4 経営者予想と利益業績へのメディアカバレッジ

経営者予想の信頼性とメディアカバレッジの相互効果を分析する際に，前者は特に，さまざまなタイプのニュースの中でも，経営者予想や広義の利益業績

に関連した情報の有用性に影響を与える。そうしたカテゴリーから，2つのニュース変数を作成するために，見出しの中身を検索した。第1に，MF_MEDIA は，経営者予想に直接関連した見出しをもつ記事数をカウントしている。検索に用いるキーワードの正確なリストは付録に掲載している。そして，キーワードを含む記事数は，新聞発行部数でウェイトづけされ，合計される。第2に，ER_MEDIA は，最初のキーワード集合から利益業績を含む広い範囲へ拡大した単語に基づいて作成される。両方の変数はどちらも対数変換される（logMF_MEDIA, logER_MEDIA）。もし，これら特定カテゴリーのニュースが，企業固有情報を伝達するなら，2つの変数は，logFSV と正の相関が予想される。反対に，ニュースの産業内情報（intra-industry information）の伝達効果または市場共通情報（market-wide information）の伝達効果が相対的に大きいのであれば，負の相関が予想される。

　LogFSV に影響する他の要素を制御するために，回帰分析モデルにはいくつかのコントロール変数を含める。まず，企業規模は，Roll (1988) やその他の研究で示されているように，企業内の分散化効果のため，logFSV と負の相関が予想される。大企業は，小規模企業と比較して，数多くの事業部門への分散投資構造を内部にもっている。こうした分散化によって，株価は，市場ポートフォリオと連動する。企業規模は，総資産の対数値（logASSET）で計測される。次に，過去5年間の企業利益と市場全体の利益との相関係数（CORR_MKT）が用いられる。これは，株式リターンの共変動が，基底にあるファンダメンタルな収益性により高まる可能性を考慮するためである（Piotroski and Roulstone (2004), Ferreira and Laux (2007))。同様に，企業と産業平均の利益の相関係数が利用される（CORR_IND）。これらの相関変数は，logFSV と負の相関が期待される。

　また，企業固有ボラティリティが外生的な利益自体の不確実性を反映することから，過去5年間の当期純利益（対総資産比率）の標準偏差対数値を含む（logSD_ER）。不確実性の高い利益情報は，企業固有情報として活用されにくいと考えられるため，logFSV と負の相関が予想される。ハーフィンダール指

数(HI)は,産業構造効果をコントロールするために使われる。HIは,日経中位36産業分類を使って,売上高のシェアより計算される。Piotroski and Roulstone (2004) が述べているように,高度に集中化した産業では,少数の大手企業からの情報は,他の企業の株価変動に影響を及ぼす。したがって,HIは負の相関関係が予想される。規制産業ダミー(REG)は,もし,当該企業が鉄道,通信サービス,電力・ガスに属していれば1,さもなければ0をとる。Piotroski and Roulstone (2004) での議論では,産業内規制が強い場合,産業レベルでの事業制約が効いてくるために,産業内情報が重要度を増し,負の相関係数が予想される,としている。

4 分析結果:FSVとメディアカバレッジ・経営者予想精度

4.1 基本統計量

表2-1は,使用する変数の記述統計量である。FSV ($= 1 - R^2$) は,平均値0.814,中央値0.835であり,米国での先行研究での値と類似している。たとえば,Roll (1988) では,0.821,Piotroski and Roulstone (2004) では,0.807である。この数値は,トータルボラティリティのうち,大きな部分が市場および産業リターンでは説明できないことを示している。企業固有情報が,リターンの変動に対して,経済的に見て有意な規模での影響を与えている可能性が高い。

予想誤差変数について,当期純利益の予想誤差(FE_NPRO)の平均値は0.019,経常利益(FE_ORPRO)に対しては0.017,売上高(FE_SLS)に対しては0.065である。予想バイアスは興味深い傾向を見せている。3つのすべての項目について,平均値は負値であり,経営陣は楽観バイアスをもつ予想(つまり,非保守的な方向へのバイアス)を発信している。当期純利益バイアスの二値変数(FB_NP_high)を見ると,全体のおよそ18.6%が保守的なバイアスの予想を出しており,残りの多数は,反対方向の非保守的なバイアスを示して

表2-1 基本統計量

	N	平均値	標準偏差	最小値	第1四分位	中央値	第3四分位	最大値
FSV	1,148	0.814	0.116	0.417	0.744	0.835	0.903	0.998
FSV_FF	1,148	0.790	0.117	0.407	0.715	0.808	0.879	0.994
IRW	1,148	0.048	0.058	0	0.012	0.033	0.063	0.557
FE_NPRO	1,148	0.019	0.022	0	0.006	0.013	0.023	0.268
FE_ORPRO	1,143	0.017	0.017	0	0.006	0.012	0.021	0.182
FE_SLS	1,148	0.065	0.063	0.001	0.027	0.046	0.082	0.588
FB_NPRO	1,148	−0.014	0.023	−0.268	−0.019	−0.008	−0.001	0.048
FB_ORPRO	1,143	−0.007	0.018	−0.182	−0.013	−0.004	0.002	0.041
FB_SLS	1,148	−0.027	0.063	−0.496	−0.049	−0.020	0.002	0.314
FB_NP_high	1,148	0.186	0.39	0	0	0	0	1
FB_OR_high	1,143	0.331	0.471	0	0	0	1	1
FB_SL_high	1,148	0.279	0.449	0	0	0	1	1
MEDIA	1,148	40.701	66.707	4.133	13.6	20.667	38.358	782.8
MF_MEDIA	1,148	1.537	1.196	0	1	1.017	2	7.033
ER_MEDIA	1,148	6.929	3.176	2.067	5.067	6.083	8.067	40.917
ASSET	1,148	397,595	1,168,178	1,265	46,553	92,598	245,753	19,400,000
SD_ER	1,148	2.111	2.546	0.089	0.793	1.394	2.553	41.981
HI	1,148	0.068	0.061	0.016	0.035	0.05	0.072	0.476
CORR_IND	1,148	0.221	0.486	−0.958	−0.128	0.239	0.628	0.996
CORR_MKT	1,148	0.159	0.462	−0.916	−0.224	0.213	0.527	0.982
REG	1,148	0.035	0.183	0	0	0	0	1

いる。同様に,他の2つの二値変数(FB_OR_high, FB_SL_high)も,楽観バイアスの傾向をもっている。これは,Kato et al. (2009)の結果と類似している。

メディアカバレッジの頻度MEDIAは,最小4.13から最大782.8まで,平均値40.7,中央値20.66を中心に,1年間でも幅広い範囲に分布している。平均値と中央値は乖離しており,極度に多い記事数をもつサンプルが,右側の裾野に分布している。特定ニュースのメディアカバレッジの平均値については,経営者予想ニュースMF_MEDIAでは1.53,利益ニュースでは6.92である。

4.2 単変数比較による結果

表2-2は,主要変数の企業固有ボラティリティへの効果を見るための単変

数比較テストの結果である。経営者予想の信頼性の影響を判別するため,予想誤差の中央値を閾値にもつ二値変数でサンプルを分割している。この3つの変数は,誤差が中央値よりも大きければ1を,小さければ0をとる(FE_NP_high, FE_OR_high, FE_SL_high)。パネル(A)から,誤差が小さなグループ(FE_NP_high=0, FE_OR_high=0)に関して,logFSVの平均値は,相対的に高い。売上高予想誤差FE_SLSについては,統計的に有意な差は見られない。予想誤差縮小が,logFSVを増加させる効果は,経営陣が正確な企業ディスクロージャーを発信し,情報を歪めていないとき,企業固有情報が株価に強く反映されるという仮説と整合的である。

パネル(B)の予想バイアスの結果から,保守的予想バイアス群(FB_#_high=1)のlogFSVの平均値は,非保守的バイアス群(FB_#_high=0)よりも高い。特に,FB_NPROとFB_ORPROについて統計的な有意差がある。つまり,経営陣が,過大な予想発信を抑制するときに,企業固有情報の反映度は高まっている。

パネル(C)は,メディアカバレッジおよび企業規模についての比較結果である。メディアカバレッジが小さなときに,logFSVの平均値は高い。これは,より多くのメディア報道が,投資家の注意を引きつけ,企業固有ボラティリティを高めるという仮説とは合致しない。同じく,MF_MEDIAとER_MEDIAのテスト結果においてもまた,利益関連ニュースの増加が,企業固有情報の株価への反映度低下につながっている。しかしながら,これらのテストは,企業規模のような変数の影響をコントロールしていない。おそらく,パネル(C)での比較に表れているように,企業規模ASSETの大きさは,多角化の深化につながり,logFSVを低下させる。次のセクションでは,他の変数の間接的な効果をコントロールするため,標準的な多変量回帰分析を行う。

4.3　回帰分析結果

この節では,logFSVを,予想誤差とメディアカバレッジ,その他のコントロール変数で説明する回帰分析を行う。表2-3は,クロスセクションのOLS

表2-2　主要変数ごとのFSV平均値比較

(A) 経営者予想誤差区分によるlogFSV平均値

	N	平均値	標準誤差
FE_NPRO中央値による区分			
FE_NP_high=0	574	1.781	0.040
FE_NP_high=1	574	1.630	0.037
差分		0.151	0.054***
FE_ORPRO中央値による区分			
FE_OR_high=0	571	1.777	0.039
FE_OR_high=1	572	1.646	0.038
差分		0.131	0.054**
FE_SLS中央値による区分			
FE_SL_high=0	574	1.671	0.037
FE_SL_high=1	574	1.740	0.040
差分		−0.069	0.054

(B) 経営者予想バイアス区分によるlogFSV平均値

	N	平均値	標準誤差
FB_NPRO=0による区分			
FB_NP_high=0	934	1.669	0.029
FB_NP_high=1	214	1.864	0.071
差分		−0.195	0.070***
FB_ORPRO=0による区分			
FB_OR_high=0	765	1.659	0.032
FB_OR_high=1	378	1.818	0.051
差分		−0.159	0.058***
FB_SLS=0による区分			
FB_SL_high=0	828	1.681	0.031
FB_SL_high=1	320	1.768	0.055
差分		−0.087	0.061

(注) ***，**，* は，1％，5％，10％水準で統計的に有意。

(C) メディアカバレッジと企業規模区分による logFSV 平均値

	N	平均値	標準誤差
MEDIA 中央値による区分			
低い MEDIA	575	1.947	0.037
高い MEDIA	573	1.463	0.037
差分		0.484	0.053***
MF_MEDIA 中央値による区分			
低い MF_MEDIA	589	1.786	0.037
高い MF_MEDIA	559	1.620	0.040
差分		0.166	0.054***
ER_MEDIA 中央値による区分			
低い ER_MEDIA	591	1.855	0.035
高い ER_MEDIA	557	1.547	0.041
差分		0.308	0.054***
ASSET 中央値による区分			
低い ASSET	574	2.082	0.038
高い ASSET	574	1.329	0.032
差分		0.753	0.050***

(注) ***, **, * は，1％, 5％, 10％水準で統計的に有意。

回帰分析結果である。全体として，調整済み R^2 で測ったモデルの説明力は30％を超えている。この比率は，先行研究での結果と類似しており，妥当な水準である[7]。また，F値でわかるように，すべての独立変数の係数がゼロ（効果なし）という帰無仮説は，明瞭に棄却される。本章でのモデル定式化は，その意味で適切である。

3つの予想誤差の推定係数（FE_NPRO, FE_ORPRO, FE_SLS）は，単変数比較と同様に，logFSV に対して，統計的に有意な関係がある。たとえば，FE_NPRO（当期純利益予想誤差）の推定係数は，モデル（1）において，−4.689であり，1％水準で統計的に有意である（t値 = −3.42）。FE_ORPRO は，モデル（4）において，より負値の幅が大きな係数（−9.534）を示し，有意性も高い（t値 = −6.43）。FE_SLS は，他の2つの項目と比較して，モデル

第 2 章　企業固有ボラティリティと公開情報

表 2－3　FSV の OLS 回帰分析結果：基本モデル

	(1)	(2)	(3)	(4)	(5)	(6)
FE_NPRO	−4.689***	−4.596***	−4.576***			
	[−3.42]	[−3.35]	[−3.34]			
FB_NP_high	0.203***	0.200***	0.209***			
	[3.41]	[3.36]	[3.51]			
logMEDIA	0.159***	0.169***	0.205***			
	[3.62]	[3.76]	[4.09]			
logMF_MEDIA		−0.053				
		[−1.14]				
logER_MEDIA			−0.170*			
			[−1.91]			
logASSET	−0.471***	−0.474***	−0.473***	−0.506***	−0.509***	−0.507***
	[−16.21]	[−16.25]	[−16.31]	[−17.31]	[−17.32]	[−17.32]
logSD_ER	−0.127***	−0.124***	−0.127***	−0.122***	−0.118***	−0.122***
	[−3.58]	[−3.48]	[−3.59]	[−4.10]	[−3.95]	[−4.12]
HI	0.076	0.096	0.121	0.034	0.051	0.057
	[0.20]	[0.25]	[0.31]	[0.09]	[0.13]	[0.15]
CORR_IND	−0.030	−0.034	−0.027	−0.006	−0.009	−0.006
	[−0.54]	[−0.60]	[−0.49]	[−0.11]	[−0.17]	[−0.10]
CORR_MKT	−0.052	−0.051	−0.053	−0.035	−0.035	−0.036
	[−0.90]	[−0.89]	[−0.92]	[−0.62]	[−0.61]	[−0.63]
REG	−0.037	−0.038	−0.054	−0.074	−0.073	−0.080
	[−0.26]	[−0.27]	[−0.39]	[−0.54]	[−0.53]	[−0.59]
FE_ORPRO				−9.534***	−9.511***	−9.325***
				[−6.43]	[−6.42]	[−6.20]
FB_OR_high				0.189***	0.184***	0.190***
				[3.82]	[3.70]	[3.85]
logMEDIA				0.196***	0.204***	0.215***
				[4.48]	[4.58]	[4.34]
logMF_MEDIA					−0.045	
					[−0.97]	
logER_MEDIA						−0.073
						[−0.82]
constant	6.806***	6.857***	7.027***	7.140***	7.187***	7.228***
	[27.12]	[26.89]	[25.45]	[27.93]	[27.63]	[26.08]
Adj. R^2	0.326	0.326	0.328	0.341	0.341	0.341
F-value	62.729***	56.601***	56.951***	66.777***	60.191***	60.149***
N	1,148	1,148	1,148	1,143	1,143	1,143

表2-3 つづき

	(7)	(8)	(9)
FE_SLS	−0.853**	−0.828**	−0.805**
	[−2.23]	[−2.16]	[−2.10]
FB_SL_high	0.175***	0.171***	0.173***
	[3.41]	[3.31]	[3.37]
logMEDIA	0.156***	0.166***	0.194***
	[3.52]	[3.67]	[3.84]
logMF_MEDIA		−0.055	
		[−1.16]	
logER_MEDIA			−0.141
			[−1.57]
logASSET	−0.475***	−0.478***	−0.477***
	[−16.07]	[−16.10]	[−16.12]
logSD_ER	−0.194***	−0.190***	−0.193***
	[−6.94]	[−6.72]	[−6.93]
HI	0.056	0.079	0.098
	[0.14]	[0.20]	[0.25]
CORR_IND	−0.014	−0.018	−0.013
	[−0.25]	[−0.33]	[−0.23]
CORR_MKT	−0.030	−0.030	−0.031
	[−0.52]	[−0.51]	[−0.53]
REG	−0.045	−0.046	−0.057
	[−0.33]	[−0.33]	[−0.41]
constant	6.838***	6.889***	7.016***
	[26.47]	[26.29]	[24.89]
Adj. R²	0.320	0.320	0.321
F-value	60.949***	55.004***	55.171***
N	1,148	1,148	1,148

(注) 従属変数は logFSV。OLS 推定。[ ] 内は t 値。***，**，* は 1％，5％，10％水準でそれぞれ統計的有意。

(7) において,より規模の小さな負値の係数(= −0.853)をもち,有意性はやや低い(t値= −2.23)。

FE_NPRO の一標準偏差増加は,logFSV の0.113標準偏差減少をもたらす。これは,対数変換から逆算すると,FSV の中央値84.62%から83.21%への1.41ポイント減少に相当する。同じく,FE_ORPRO と FE_SLS 増加への FSV 減少幅は,それぞれ,2.28と0.71ポイントである。それゆえ,3つの項目の中でも,経常利益の予想が,投資家の株主価値評価にあたっては最も重要性が高い。

以上見たように,より信頼性の高い経営者利益予想は,企業固有ボラティリティを高めている。つまり,企業による精度の優れた情報開示行動は,産業内または市場レベルよりも,企業固有レベルでの公開情報の価値を高めるという結論が得られる。

保守的予想バイアスは,全体的に logFSV と正の相関関係をもっている。たとえば,モデル(1)において,純利益の予想バイアスの係数(FB_NP_high)は,0.203であり,統計的に有意である。その経済的インパクトについては,FB_NP_high の0から1への離散的変化は,logFSV の0.21標準偏差増加に対応し,これは FSV の2.45ポイント増加に当たる。予想誤差の結果と合わせて考えると,より信頼性の低い利益予想は(過大評価を得ようとする経営陣のインセンティブから生じると想定される),株価が企業固有情報を織り込む程度を抑制する。反対に,より保守的な予想は,高い企業固有ボラティリティに寄与する。これはおそらく,投資家にとって,保守的な方向性に偏った予想は,経営陣が開示情報を歪めていないというシグナルとなりうるからであろう。

マスメディア効果について見ていくと,単変数比較の結果とは対照的に,企業規模やその他の変数をコントロールした後では,logMEDIA の推定係数は正値であり,統計的に有意である。これは,メディア報道と企業固有ボラティリティの間に有意な関係が発見されなかった Roll(1988)の結果と対照的である。企業がより多くのメディアからの注目を浴びており,より多くの公開情報を市場参加者に伝達しているとき,株式リターンが企業固有情報に強く依存して変動している。モデル(1)から,メディア効果の経済的インパクトを確認

すると，logMEDIA の一標準偏差増加に対して，logFSV の0.148増加を示している。この変化は，FSV の1.69ポイント増加に対応している。

次に，記事見出しの内容に目を向けると，logMF_MEDIA の係数は，負値であり，統計的には有意ではない。モデル（3）で，logER_MEDIA は，logFSV と負の相関関係があり，統計的にも有意である[8]。この結果は，利益業績へのメディア報道が企業固有情報の株価織り込みに寄与するという考え方には一致しない。むしろ，利益情報は，個別企業を超えて，産業内あるいは市場全体に伝播しているようである。この結果については，後の節で，産業関連ボラティリティを抽出することで，頑健性のチェックとともに再考する。

コントロール変数の主な結果について述べると，企業規模 logASSET は，logFSV と負の相関があり，統計的にも有意である。Ferreira and Laux（2007）や Piotroski and Roulstone（2004）での結果と同じく，大規模企業は，一般的に，内部に多数の事業部門をもつため，リターンの動きは市場ポートフォリオの動きに似通ってくる[9]。CORR_IND と CORR_MKT は統計的に有意な係数をもっていない。この結果への解釈として，logASSET がすでに十分，分散化効果を捉えており，利益の相関係数は追加的な説明力をもたないのかもしれない。規制産業ダミー REG もまた統計的に有意な効果は見られない。利益の外生的不確実性 logSD_ER は，負の推定係数を示している。企業の決算利益項目の不確実性の増大は，企業固有情報を反映しない方向へ働いている。産業集中度 HI の係数は，すべて有意ではない。これは，集中化の進んだ産業構造において，情報の産業波及効果が支配的という予想を支持しない。

すでに述べたように，公開情報の品質と数量は相互に影響し合って，株価の情報反映度に効果をもっているかもしれない。回帰分析では，この議論は，logMF_MEDIA（または ER_MEDIA）と，単変数比較で用いた予想誤差指標（FE_NP_high, FE_OR_high, FE_SL_high）との交差項を含めることでテストされる。結果は**表2-4**に掲載している。交差項の係数は，すべてのモデルで負値であり，モデル（1）と（2）で統計的に有意である。信頼性のある経営者予想が発信されるとき，利益関連のメディア報道は，株価を（産業内や市場全

体の情報ではなく）企業固有情報を反映する方向へと動かす。

4.4 頑健性のテストと代替的な実証モデル

　これまでに得られた基礎的な結果の頑健性をテストするために，いくつかの回帰診断方法を実施した。第1に，回帰モデルに対して，分散拡張要素（variance inflator factors: VIFs）を算出した。結果的に，モデル内で使用された変数間に特に強い多重共線性は観察されなかった[10]。そして，残差分析によって，回帰結果が外れ値の影響に対して脆弱かどうか調べた。ここで採用した計測値は，スチューデント残差，DFITS，クック距離，そしてウェルシュ距離である。これらの値から，サンプルに過剰な影響を与える疑わしいサンプルを除外し，再推定を実施した[11]。サンプルサイズ制約後の結果は（ここでは紙幅の制約上，表を掲載しない），前の基礎的な回帰分析結果と本質的には同様な結果を示した。最終的に，われわれは，主要な結論が全般的に頑健であることを確認した。

　次いで，代替的なリターン生成モデルを使って回帰分析を行う。ここでは，修正Fama-Frenchモデルを使用する。国債利回りで測ったリスクフリー金利 r_{ft} に対する産業平均超過リターン r_{kt} が，産業内効果をコントロールするために追加的に導入される。そのほか，本来の市場ポートフォリオの超過リターン r_{mt}，規模ファクター r_{SMBt}，簿価時価ファクター r_{HMLt} も含まれている。

$$r_{it} - r_{ft} = \alpha_i + \beta_1(r_{mt} - r_{ft}) + \beta_2(r_{kt} - r_{ft}) + \beta_3 r_{SMBt} + \beta_4 r_{HMLt} + u_{it} \tag{4}$$

　ここで，企業固有ボラティリティ logFSV_FF は，(4) の R^2 から計算される。結果は**表2-5**に掲載している。この代替的なモデル定式化でも，キーとなる変数に関して，前の基礎となる結果と同様のパターンを見出せる。要するに，予想誤差は負の相関，予想バイアスは正の相関関係，メディアカバレッジは正の相関を logFSV_FF ともっている。この結果から，われわれは，主要な発見が，リターン生成モデルに対して脆弱ではないとの結論を得られた。

　最後に，産業関連ボラティリティを考慮した従属変数を使った代替的回帰モ

表2-4　FSVの回帰分析結果：経営者予想誤差とメディアカバレッジの交差項含むモデル

	(1)	(2)	(3)	(4)	(5)	(6)
FE_NPRO	−3.640**					
	[−2.56]					
FE_ORPRO		−3.542**	−8.726***	−8.364***		
		[−2.50]	[−5.31]	[−4.90]		
FE_SLS					−0.674	−0.612
					[−1.55]	[−1.34]
FB_NP_high	0.186***	0.183***	0.177***	0.183***	0.170***	0.173***
	[3.12]	[3.05]	[3.54]	[3.67]	[3.29]	[3.36]
FB_OR_high						
FB_SL_high						
logMEDIA	0.168***	0.200***	0.203***	0.212***	0.167***	0.194***
	[3.75]	[4.00]	[4.56]	[4.27]	[3.69]	[3.85]
logMF_MEDIA	0.017		−0.015		−0.034	
	[0.32]		[−0.29]		[−0.62]	
logER_MEDIA		−0.115		−0.050		−0.126
		[−1.26]		[−0.55]		[−1.38]
logMF_MEDIA × FE_NP_high	−0.140**					
	[−2.45]					
logER_MEDIA × FE_NP_high		−0.077***				
		[−2.71]				
logMF_MEDIA × FE_OR_high			−0.061			
			[−1.11]			
logER_MEDIA × FE_OR_high				−0.033		
				[−1.19]		
logMF_MEDIA × FE_SL_high					−0.042	
					[−0.74]	
logER_MEDIA × FE_SL_high						−0.022
						[−0.77]
Adj. R^2	0.329	0.332	0.342	0.341	0.320	0.321
F-value	52.23***	52.727***	54.842***	54.831***	50.034***	50.191***
N	1,148	1,148	1,143	1,143	1,148	1,148

(注) 従属変数はlogFSV。OLS推定。[ ] 内は t 値。***，**，*は1%，5%，10%水準でそれぞれ統計的有意。コントロール変数の掲載は省略。

デルを定式化する。すでに述べたように,われわれは,logMF_MEDIA と logER_MEDIA（利益関連ニュース数）の logFSV への負の効果,つまりマイナスの推定係数の解釈を,産業内情報伝播あるいは市場内情報波及効果に求めた。しかしながら,logFSV は,産業関連と市場関連双方を含むトータルリターン変動に対する企業固有リターン変動のみを捉えているため,産業と市場関連リターンの識別をしていない。産業内情報伝播のより直接的なエビデンスを得るために,産業リターンの追加的な説明力が,産業リターンを含むリターン生成モデル（5a）からの R^2 とそれを含まない（5b）からの R^2 の差をとることで,計算される。これは,Piotroski and Roulstone（2004）の方法に依拠している。

$$r_{it} = \alpha + \beta r_{mt} + \gamma r_{kt} + u_{it} \tag{5a}$$

$$r_{it} = \alpha + \beta r_{mt} + u_{it} \tag{5b}$$

$$IRV_i = R^2_{i,(5a)} - R^2_{i,(5b)} \tag{6}$$

$$\log IRV_i = \log \frac{IRV_i}{1 - IRV_i}$$

産業関連ボラティリティ（IRV）は（6）として定義される。定義により,もし FSV の減少が,より産業関連情報の株価への反映に起因しているなら,期待される IRV への説明変数の符号は反転する。**表 2-6** は logIRV の結果を示している。この実証モデルの説明力について,調整済み決定係数 R^2 は非常に低く,およそ 3 ％から 5 ％程度であり,30％程度の説明力を持っていた基本モデルとは開きがある。しかしながら,情報精度のキーとなる変数（FE_NPRO, FE_SLS）は,統計的に有意なインパクトを持っている。logFSV のケースとは反対に,正値の推定係数を示しており,信頼性の乏しい業績予想は,トータルリターン r_{it} と産業リターン r_{kt} の相関を増加させることを通じて,企

表 2-5　修正 Fama-French モデルによる FSV の回帰分析結果

	(1)	(2)	(3)	(4)	(5)	(6)
FE_NPRO	−3.600***					
	[−2.93]					
FE_ORPRO		−3.589***				
		[−2.93]				
FE_SLS			−7.311***	−7.045***		
			[−5.48]	[−5.20]		
FB_NP_high	0.219***				−0.466	−0.442
	[4.11]				[−1.36]	[−1.29]
FB_OR_high		0.229***			0.178***	0.181***
		[4.31]			[3.85]	[3.93]
FB_SL_high			0.158***	0.166***		
			[3.53]	[3.73]		
logMEDIA	0.172***	0.210***	0.200***	0.217***	0.167***	0.198***
	[4.30]	[4.69]	[4.99]	[4.86]	[4.14]	[4.38]
logMF_MEDIA	−0.063		−0.058		−0.064	
	[−1.50]		[−1.38]		[−1.53]	
logER_MEDIA		−0.181**		−0.103		−0.154*
		[−2.27]		[−1.28]		[−1.92]
logASSET	−0.431***	−0.430***	−0.458***	−0.455***	−0.432***	−0.430***
	[−16.51]	[−16.55]	[−17.31]	[−17.28]	[−16.26]	[−16.25]
logSD_ER	−0.123***	−0.127***	−0.121***	−0.126***	−0.177***	−0.181***
	[−3.87]	[−4.01]	[−4.49]	[−4.73]	[−6.99]	[−7.25]
Adj. R²	0.326	0.328	0.331	0.331	0.318	0.319
F-value	56.431***	56.868***	57.57***	57.528***	54.469***	54.671***
N	1,148	1,148	1,143	1,143	1,148	1,148

(注) 従属変数は logFSV_FF。OLS 推定。[ ] 内は t 値。***, **, * は 1％, 5％, 10％ 水準でそれぞれ統計的に有意。コントロール変数の掲載は省略。

業固有情報が反映する程度を弱めると解釈できる。マスメディア効果についても，基本モデルの結果と整合的に，メディアカバレッジの増加は，企業固有変動の増加を背景として，産業ボラティリティを低下させている。

経営者予想関連のメディアカバレッジ（logMF_MEDIA）は，正の符号を示しており，予想に関する頻繁な情報提供は，株式市場が産業情報を強く反映する方向に機能している。しかしながら，利益関連のメディアカバレッジ（logER_MEDIA）は，logIRV と負の相関が見られる。利益業績関連の情報は，産業内の情報伝播を弱めている。結局，利益情報の効果は，産業内伝播ではなく，市場共通情報の性質に起因するのかもしれない。logMF_MEDIA と logER_MEDIA の相反する符号は，利益情報と関連しているという共通点を有しながらも，情報内容の差異に起因しているかもしれない。1つの可能な解釈としては，利益の経営者予想は，産業レベルでの将来収益性を推測することに特に有用というシナリオである。Piotroski and Roulstone（2004）は，産業関連ボラティリティを分析することにより，証券アナリストが，追跡している産業・業界に特殊な情報生産への専門能力を生かしているとの見解を示している。同じように，Chan and Hameed（2006）もまた，各国の新興市場において，より多くのアナリスト活動によって，企業固有情報の株価への反映度が低下することを示している。このように，追加的な経営者予想の開示は，それがアナリストによって活用されることを背景にして，株価が産業内情報を織り込むことに貢献するのかもしれない。実際，会計分野の先行研究は，経営者予想が，より正確な推定値を生むという面で，アナリスト予想にとって有益であることを報告している（Hassell and Jennings（1986），Hassell et al.（1988），Williams（1996））。しかしながら，利益情報は，証券アナリストだけでなく，個人投資家を含むより広い範囲の市場参加者の注目を引きつけ，そのことが，アナリストを通じた産業情報の影響を弱めているのかもしれない。

表 2-6　産業関連ボラティリティの回帰分析結果

	(1)	(2)	(3)	(4)		(5)	(6)
FE_NPRO	9.171***	9.954***			FE_SLS	2.073**	2.388***
	[2.84]	[3.09]				[2.31]	[2.66]
FB_NP_high	−0.265*	−0.258*			FB_SL_high	−0.060	−0.089
	[−1.90]	[−1.84]				[−0.49]	[−0.74]
FE_ORPRO			0.261	1.903			
			[0.07]	[0.53]			
FB_OR_high			−0.15	−0.167			
			[−1.26]	[−1.41]			
logMEDIA	−0.452***	−0.266**	−0.427***	−0.248**	logMEDIA	−0.458***	−0.258**
	[−4.29]	[−2.25]	[−4.01]	[−2.09]		[−4.32]	[−2.18]
logMF_MEDIA	0.246**		0.264**		logMF_MEDIA	0.260**	
	[2.23]		[2.38]			[2.35]	
logER_MEDIA		−0.536**		−0.524**	logER_MEDIA		−0.583***
		[−2.56]		[−2.46]			[−2.77]
logASSET	0.174**	0.149**	0.162**	0.141**	logASSET	0.184***	0.161**
	[2.53]	[2.18]	[2.30]	[2.01]		[2.64]	[2.32]
logSD_ER	0.146*	0.160*	0.275***	0.289***	logSD_ER	0.281***	0.304***
	[1.75]	[1.93]	[3.85]	[4.08]		[4.24]	[4.64]
Adj. R²	0.049	0.051	0.035	0.035	Adj. R²	0.042	0.044
F-value	6.945***	7.109***	5.119***	5.155***	F-value	6.076***	6.304***
N	1,148	1,148	1,143	1,143	N	1,148	1,148

(注) 従属変数は logIRV。OLS 推定。[ ] 内は t 値。***，**，* は 1％，5％，10％水準でそれぞれ統計的有意。コントロール変数の掲載は省略。

5 まとめ：情報の量・質双方の重要性

　本章での研究は，企業開示情報の品質的側面と公開情報の量的側面が，情報の株価反映にどのような役割を果たしているかを分析した。株式リターンの企業固有ボラティリティ（FSV）が，株価の情報反映度の特性を見るために計測された。この段階で，全体のリターン変動のうち，約20％のみが市場または産業リターンによって説明されることが示され，企業固有変動が，全変動の中で経済的に有意な割合を占めることが確認された。

　われわれは，経営者予想の信頼性とメディアカバレッジが，企業固有ボラティリティに与える効果について評価した。主要な発見は以下のように要約できる。最初に，経営者予想の信頼性向上は，企業固有情報の株価形成に寄与する。特に，企業が相対的に小さな予想誤差で予想情報発信をしているとき，企業固有ボラティリティは高められる。このことは，投資家は信頼性のあるディスクロージャーを伴う企業情報を重要視することを示唆している。メディアカバレッジで測った公開情報量に着目すると，それは企業固有ボラティリティを増加させる働きがある。マスメディアによる積極的な企業報道は，投資家の情報への注目度向上と取引への情報活用を通じ，株価の企業情報反映度を高める。最後に，開示情報の信頼性とメディア情報量の相互効果について，予想精度の改善は，利益関連メディアカバレッジが企業固有情報を強く反映する方向へ寄与している。

付録　新聞報道の見出しの特定化方法

　MF_MEDIA は，経営者予想に関連した次のキーワードが登場する記事の見出しをカウントしている。［下方修正・上方修正・予想修正・利益予想・利益修正・決算予想・決算修正・業績予想・業績修正］

　ER_MEDIA は，経営者予想と利益業績関連のキーワードを含む記事の見出

し数をカウントしている。上記のキーワード集合に加えて,「利益」・「決算」・「業績」が使われる。

利益関連ニュースを予想ニュースから完全に分離して取り扱うことは困難である。その理由は,予想と利益の両方のカテゴリーからのキーワードが,同じ見出しに登場することがしばしば観察されるからである。

● 注
1 「idiosyncratic volatility(異常ボラティリティ)」という用語もまた,この分野では用いられるが,firm-specific volatility と同じ意味である。
2 日本での経営者利益予想の公表は法律上の義務ではない。それは単に,証券取引所による要請である。しかしながら,実際には,多数の企業が利益予想情報を公開している。
3 太田(2005)は,経営者予想と日本の投資家にとってポピュラーな会社四季報での予想が,ほぼ等しく高い正確性をもつことを報告している。
4 TOPIX は,代替的な市場インデックスである日経225よりも,市場ポートフォリオの代理変数作成に適している。理由は,日経225は225銘柄のみをユニバースとして含んでいるが,TOPIX は東京証券取引所一部の全銘柄を含むためである。
5 日本経済新聞は,日本において最も広く講読されている経済ビジネス紙であり,英国での Financial Times,米国の Wall Street Journal に類似している。
6 テレコンのガイドブックによると,企業が検索に合致する基準は,その企業が,"主要なトピックス"として言及されているかによる。たとえば,その企業名が,記事の冒頭の文に登場することがこれに当たる。
7 先行研究としてたとえば,Piotroski and Roulstone (2004),Chan and Hameed (2006) は,およそ35%のモデル説明力 R^2 を報告している。
8 logER_MEDIA と logMF_MEDIA は,利益関連ニュースの情報効果を捉えるという類似した性質のため,多重共線性を考慮し,それぞれ別個に実証モデルに含む形としている。
9 NYSE に上場する大手企業は,国内取引所のみに上場する企業とは異なる情報環境にさらされており,そのことが,株価の情報反映度に影響するかもしれない。われわれのサンプルのうち,30企業のみが,米国での SEC 基準での連結財務諸表を提出している。これをコントロールするために,SEC ダミー変数をモデルに含めた結果,それは統計的に有意な係数を示していなかった。
10 各回帰結果での VIFs の平均値は,およそ2.0周辺であり,基準となる10.0を超えるような変数は見られなかった。
11 計測値の閾値は,スチューデント分布には t 分布の1%水準,DFITS には $2\sqrt{k/N}$,クック距離,ウェルシュ距離には $3\sqrt{k}$ である。N は観測値数,k は独立変数の個数である。

第 3 章

株価クラッシュと
マスメディア報道

1　株価クラッシュ現象の解明

　本章では，マスメディア報道と株価の極端な変動，つまり，クラッシュ（急落）とジャンプ（急騰）との関係を実証的に解明することを試みる。金融市場ではしばしば，短期間の間に大きな規模で下落する株価現象が観察される。たとえば，Hutton et al.（2009）での米国での研究は，サンプル企業の17％が年間に1回以上のクラッシュを経験しており，それらクラッシュの平均リターンは，週次で－22.7％である[1]。本章の日本企業のケースでは，全サンプルのうち26％がクラッシュを経験しており，クラッシュの平均リターンは日次で－8.5％である。

　しかしながら，個別株価のレベルで，どのように市場での公開情報流入が極端な株価変化に影響しているかという問題に関して，これまでアカデミックな視点から注意を向けられることは少なかった。いくつかの先行研究はディスクロージャー情報の観点から，クラッシュは，株価が情報を織り込んでいく迅速性（timeliness）の欠如の現れであると論じている。なぜなら，クラッシュ頻度は，ディスクロージャーを遅らせることで情報を隠す経営インセンティブと関連するからである。Jin and Myers（2006）の画期的な研究は，理論的に，不透明なディスクロージャーが，累積的に隠されていたバッド情報の急激かつ大規模な流出を招き，それが株価クラッシュを引き起こすことを示した。実際に，その実証部分は，国際比較分析により，貧弱な会計透明性は，高いクラッ

シュ頻度と相関するという強い証拠を提示している。Hutton et al.（2009）は，同様の実証結果を，米国市場でのクロスセクション分析で提示した。

　日本のファイナンス研究は，たとえば1カ月のような短期的時間軸でのリターン・リバーサル（株価の反転現象）という興味深いパターンを一致して報告している（Chang et al.（1995），Bremer et al.（1997），Iihara et al.（2004），Chou et al.（2007））。このように類似したアノマリー現象の多くの報告がある中で，どのような情報フローが市場での過剰反応（overreaction）を引き起こしているのか，という問題は，これまで十分に解答が得られていない。それゆえ，短期のスパンでの大きな株価変化の原因探求は，短期株価リバーサルという日本市場特有のアノマリーに対して，情報伝達プロセスの観点から，より深い理解を得ることに貢献できる。

　また，企業が開示した情報の伝達プロセスが，クラッシュ（ジャンプ）にどう影響しているかというリサーチクエスチョンに答えていく。本章の目的は，この問題に対して，マスメディアの情報仲介機能に着目して探求することである。一般的な理解として，マスメディアは，企業情報を公衆に伝達するための主要な社会的役割を果たしている。それゆえ，情報発信源である企業ディスクロージャーだけでなく，メディア報道を通じた伝播プロセスもまた，クラッシュの発生に影響しうる。これは，投資家の情報認知が，どれくらいマスメディアが企業ニュースを報道するか，という姿勢に依存するという考え方を理論的な背景としている。Miller（2006）が要約しているように，マスメディアは，企業によって発信された情報の再分配（redistribution）を通して，企業と投資家間の情報非対称性を緩和する。メディア報道固有の情報伝達効果に関する興味深い事例研究が，Huberman and Regev（2001）によって提示されている。彼らの分析によると，ある癌治療方法についての大きな新聞記事報道が，株価の大きな反応を引き起こしたのであるが，実際にはその科学的イノベーションは，報道の以前に，学術専門誌にすでに公開出版されていた。

　これまで，ファイナンス分野では，メディア報道が株価動向に与える効果について相対的に注目度は低かった。近年，増加傾向にあるものの，限られた数

の研究のみが，メディア報道と株価形成の関係を分析している．その中でも，多くは，極端な株価変化を明示的に考察するものではなく，主に通常のリターン形成を取り扱っている．たとえば，超過リターンへの効果を見る研究（Chan (2003), Fang and Peress (2009)），リターンの予想可能性に関する研究（Tetlock (2007), Tetlock et al. (2008)），そして株式流動性への効果を見る研究（Bushee et al. (2010)），などがある．本章での分析は，メディアによる市場でのタイムリーな情報供給機能を検証するため，平常時とは異質な，極度に大きな株価変化に着目する．つまり，どのように，メディアカバレッジの頻度と分布が，クラッシュ（およびジャンプ）に与えるかを探求する．

具体的には，2つの相反する仮説をテストする．クラッシュ（ジャンプ）抑制仮説のもとで，マスメディアは，投資家が見過ごしかねない情報を提供し，それによって，幅広い範囲の取引日にわたって，基礎的な株価の情報反映水準を高める．もしこの仮説が支持されるのであれば，活発なメディア報道は，価格形成プロセスをスムーズにし，クラッシュ頻度を低下させる．対立仮説として，クラッシュ（ジャンプ）促進仮説は，より大きな報道量は，より高頻度の極端な投資家反応を引き起こすと主張する．もしこの仮説が正しいのであれば，活発なメディア報道は，円滑な株価形成を阻害する．実証分析において，どちらの仮説が妥当であるかをテストするために，日本での株式市場と新聞記事データを活用する．

この研究の学術的貢献は，第1に，マスメディア効果に重点を置いて，個別企業レベルでの株価クラッシュを分析する点である．すでに述べた先行研究（Jin and Myers (2006), Hutton et al. (2009)）は，クラッシュの要因を主に企業側の会計ディスクロージャーのあり方に起因する情報非対称性に求めている．本章では，これらの先行研究に加えて，マスメディアの潜在的な効果を明らかにしていく．現代経済での公衆への情報伝達機能というメディアの重要な役割にもかかわらず，金融市場へのメディア報道の影響に関する実証研究は極めて限られている．Bhattacharya et al. (2009) は，米国IPOバブル前後での株価の大規模急騰と急落へのメディア効果について分析している．しかしながら，

その結果は，メディアの実質的な経済効果については検出していない。

具体的な分析方法として，メディア効果を明らかにするために，メディアカバレッジ（報道量）の単純合計だけでなく，月次メディアカバレッジの季節的分布を考察の対象とする。それにより，集中的なニュース報道が市場反応に与える効果について捉え，メディアのクラッシュ促進効果についての理解を深める。さらに，クラッシュとジャンプを計測する際に，日次ベースでの企業固有超過リターンに加えて，先行研究にはないクラッシュ（ジャンプ）のリターン規模を併用する。

クラッシュ促進仮説についての検証は，幅広い範囲のファイナンス研究にとって有益である。なぜなら近年の資産価格研究は，極端な下方リスク（extremely downside risk: EDR）に注目し，そのリスク特性が，期待リターンに対して有意な説明力があることを示してきた（Barro（2006），Bollerslev and Todorov（2011），Huang et al.（2012））。本章でのクラッシュ計測方法は比較的単純明快であるが，EDR とはその研究動機を共有する部分がある。それゆえ，本章の分析は，マスメディアの役割の観点から，EDR－リターン関係のよりよい理解を促進することができる[2]。

第2に，日本での日刊新聞の普及度は極めて高く，新聞データの分析により，メディアの影響に関して明確な示唆をえることを期待できる。日本での顕著な新聞メディアの存在感を例示すると，World Press Trend 2010報告書によれば，国際比較統計に基づいて，日本は，日刊新聞の総発行部数で首位に位置しており，人口当たり発行部数については6位を占めている。個別の新聞媒体では，発行部数で世界十大新聞のうち，5紙が日本からであり，経済記事に専門化した日本最大の日刊紙である日本経済新聞（本章での分析対象）は，7位に位置している[3]。日経新聞の日次の発行部数は約300万部であり，米国・英国でそれに類似した新聞媒体 Wall Street Journal と Financial Times の発行部数はそれぞれ，約200万部と約45万部である[4]。このため，株式市場へのメディア効果の研究は，ほとんど米国市場に偏っている中で，日本の新聞メディアと金融市場の組み合わせによって，メディア効果を明確に検証できるメリットがある。

3番目に，興味深い最終的な分析結果として，クラッシュ発生頻度とその場合の株価変化の規模の観点から，メディア報道による豊富な情報提供が大幅株価下落を発生させるというクラッシュ促進仮説を明確に支持している。この発見は新たな知見であり，ディスクロージャーによる透明性の高い情報提供がクラッシュ確率を減少させるという先行研究の結論とは好対照をなしている（Jin and Myers（2006），Hutton *et al.*（2009））。メディア報道と企業ディスクロージャーの共通の目的は，可能な限り市場に多くの情報を伝達することであるという認識からすれば，この差異は両者の機能を比較するうえで重要な示唆をもつ。また，メディア報道が特定の時期に集中しているとき（年間の記事分布が等しくないとき）に，クラッシュの発生頻度が高いという発見は，メディアカバレッジの量的側面だけでなく，マスメディア報道の集中度もまた，クラッシュを促進する重要な要素であることを意味する。

　最後に，本章の分析は，クラッシュとジャンプの興味深い比較を提示している。Jin and Myers（2006）は，不都合な情報を隠蔽する経営者インセンティブを主に分析するために，クラッシュに着目している。Hutton *et al.*（2009）は，企業情報の透明性はクラッシュとのみ有意な関連性をもっており，ジャンプに対しては明確な結果を見出していない。新聞メディアは，企業自身とは異なり，さまざまなタイプの情報を読者に伝えるインセンティブをもっている。メディアがバッド情報をあえて隠す誘因に乏しいという前提の下では，メディアの情報提供は，同じようなプロセスで，クラッシュとジャンプの双方に影響を与える可能性がある。しかしながら，Miller（2006）によって論じられているように，企業不祥事を報道するメディアの社会的役割を考えるとき，メディアカバレッジは，ジャンプよりもクラッシュに対して影響を与えやすいかもしれない。実際，本章の結果では，クラッシュ促進仮説の支持とは異なり，ジャンプ頻度がメディアカバレッジと相関するという証拠を得られていない。しかし他方で，ジャンプリターンの規模の大きさは，メディアカバレッジに強く影響されている。

2 マスメディア報道と株価クラッシュ

2.1 企業情報フローとクラッシュ

　本章での分析は，Jin and Myers（2006）による，企業ディスクロージャーとクラッシュの関係を研究動機の1つとしている。その研究は，バッド情報を企業が開示するのではなく，むしろ，隠蔽する経営者インセンティブのモデルを設計し，情報を開示させるプレッシャーに耐えられなくなったときに，企業内情報が公開状態になるというストーリーを描いている。結果として，このときの情報開示は，極端に急速かつ大規模な株価下落（クラッシュ）を引き起こす。反対に，何らかの変化が企業内に起こった直後に，外部投資家へ逐次，バッド情報が開示されているなら，それはスムーズな株価への反映に帰結し，クラッシュを引き起こすことはない。そして，国際比較分析からの実証結果は，会計上の透明性が株価クラッシュの頻度を低下させることを示している。これと同種の趣旨で，Hutton et al.（2009）は，裁量的発生高が米国の個別企業レベルでのクラッシュと正の相関があることを示した。Kothari et al.（2009b）は，配当と経営者予想の変化率で，ニュース規模を捉えて，バッドニュースの規模は，グッドニュースの規模よりも有意に大きいことを発見しており，不都合な情報を隠す経営者インセンティブと一致している。Cheng Chee Mun et al.（2011）は，シンガポール市場において，利益公表前の自発的なディスクロージャーが，より小さい規模の株価反応をもたらすことを発見している。これら先行研究の結果から，企業ディスクロージャーが金融市場で価格に反映される迅速性を捉えるうえで，クラッシュは有益な指標の1つである。

2.2 クラッシュ抑制仮説

　クラッシュ抑制仮説として，大きなメディアカバレッジが，企業固有情報の株価への織り込みを円滑化するというストーリーを考察する。この仮説は，メ

ディアカバレッジ増加に伴い，情報のタイムリーな株価反映プロセスが形成され，クラッシュは減少することを主張する。このような株価変動の円滑化効果は，Jin and Myers（2006）と Hutton et al.（2009）による，向上した会計透明性がクラッシュ確率を抑制するという議論に従っている。本章の見方では，会計慣行だけでなく，公衆への情報伝達もまた，スムーズな株価変動に対して重要である。活発なメディア報道は，投資家にとっての情報アクセス環境を改善し，それによって企業情報の価格への反映を促進するかもしれない。

具体的には，Miller（2006）によって明示的に論じられているように，メディアは，他のニュース源（例：企業・アナリストなど）からの情報を再分配するか，または，粉飾決算のようなニュース性のある事柄を発見するなど，独自の調査報道機能により，情報提供の経済的役割を果たす。この文脈では，メディアの情報再分配は投資家の注意を引きつけ，株価形成は迅速になされ，より多くの情報を反映することを通じて情報効率性を改善する。さらに，メディアの専門的調査報道能力は，経営陣が不都合な情報を内部に隠すことを防止することで，バッドニュースは公衆に素早く届き，株価変化はより頻繁に，より小規模に起こる。

関連して，Miller（2006）は，会計不祥事の事例を収集し，市場は，再分配された情報よりも，独自調査による新聞報道に対して強く反応することを示している。Tetlock et al.（2008）は，メディアが企業情報の定量化困難な側面を伝達するメリットを強調している。Fang and Peress（2009）は，米国での新聞報道は，株式市場の情報効率性を高めると主張している。それによると，ニュースを伴わない株式は超過リターンを得るが，ニュースを伴う株式には，情報が効率的に価格に織り込まれる。Chan（2003）は，株価はメディア報道に反応するが，バッドニュース報道後にゆっくりと下方ドリフトする投資家の過小反応傾向を示している。

2.3　クラッシュ促進仮説

代替的な仮説として，より大きなメディアカバレッジが株価の極端な下方変

化を加速させるかどうかを分析する。メディカバレッジ増加とともに，クラッシュ頻度が増加するとき，クラッシュ促進仮説は支持される。

メディアがクラッシュを引き起こすメカニズムをより深く理解するために，本章ではメディア報道の季節的な分布を考察する。Jin and Myers（2006）では，ニュースがない期間の後，多くのバッド情報が短期間のうちに公開されるとき，クラッシュが発生すると予測している。この議論に沿うと，情報フローの分布はクラッシュ頻度と相関してくる。もし追加的な情報が，一定期間内での偏りない分布を形成するなら，情報フローの増加は，より低いクラッシュ頻度と相関するはずである。反対に，もし，多くのメディア報道が相対的に短期間のうちに集中的に発信されるなら，活発なメディア報道はクラッシュ頻度を高めることになる。マスメディアによって供給される情報の分布状況を分析に取り入れるために，本章では，単純なメディアカバレッジ合計に加えて，その集中度（偏り）を計測する[5]。

いくつかの理論研究は，大規模な株価変動を促進するマスメディアの潜在的な役割について理解するのに役立つ。Hong and Stein（2007）がまとめているように，投資家の認知能力の制約を所与として，注意喚起効果（attention-grabbing）をもつ企業情報には，極端な株価反応が発生する。特に，本章での設定では，集中的なメディアカバレッジは，より大規模なクラッシュとジャンプを引き起こす。マスメディアに関する実証研究は，メディアカバレッジと大きな株価変化の関連性を発見している。Chan et al.（2001）は，香港株式市場の日次ボラティリティは，顕著な政治ニュース発生時に，大きく増加することを示した。より最近では，Tetlock（2007）は，ネガティブな新聞記事内容は，投資家の過度に悲観的な動きと関係しており，それは，株価の過剰な下落とその後のリターン反転現象によって示されている。Bhattacharya et al.（2009）は，米国のインターネットバブル期のネット関連企業のメディア露出は，非ネット関連企業よりも大きく，しかし，その差は大規模株価変化のごく一部のみしか説明しないことを示している。

代替的な理論として，Chen et al.（2001）のモデルでは，クラッシュは，空

売り制約と複合するとき，投資家間の意見相違によって引き起こされる。そこでは，悲観的な投資家の情報は市場価格に十分反映されることなく，一時的な過大評価が発生する。最終的には，バッド情報の連続的な到着が，株価の大きな下落につながる。実際，彼らの実証結果は，出来高を意見不一致の代理変数として，その理論的主張を支持している。Hong and Stein（2007）は，マスメディアが，新規に流入してきた情報の解釈をめぐって，投資家間の意見不一致を拡大するとき，過大評価が発生することを示している。

クラッシュとジャンプが，情報効率的な価格づけの現れなのか，それとも，過剰反応であるのかを厳密に識別するという課題は，本章での範囲を超えているが，日本市場でのリターン予測可能性に関する先行研究は，一致して，クラッシュとジャンプが投資家の過剰反応であることを示唆している。たとえば，Chang et al.（1995）は，月次リターンに基づいて，敗者ポートフォリオは勝者ポートフォリオのリターンを上回ることを示した。Bremer et al.（1997）は，日経300のサンプル企業から，10%超の極端に大きな株価変化の後に，リターン反転が発生することを発見している。Iihara et al.（2004）は，1カ月間隔のリターン反転は，取引高と弱い相関があることを示した。Chiao and Hueng（2005）とChou et al.（2007）は，短期でのコントラリアン戦略を用いて，リターン予測可能性を示している。これら日本市場のアノマリー研究の知見に対して，本章でのクラッシュ分析は，短期的な株価下落が，投資家の情報への過剰反応によって引き起こされているかを考察できる。

クラッシュ促進仮説をさらに探求するために，本章では，いくつかの方法で追加的な分析を行う。最初に，どんなタイプの情報がクラッシュを引き起こすか検証するため，メディアカバレッジとディスクロージャー情報の相互作用を分析する。多様なニュース源の中でも，企業からの公式ディスクロージャーはマスメディアが公衆に伝達する最も重要な情報源の1つである。この意味で，ディスクロージャーの分析は，Miller（2006）のいうメディアの情報再分配機能を解明するのに適した方法である。加えて，本章では，メディアの情報再分配を確認するために，メディアカバレッジの季節性に注目する。それは，日本

市場では，本決算の公表日が5月周辺という特定の月に集中する事情を考慮している。

3 データ：クラッシュと公開情報

3.1 データの出所

サンプルは，東京証券取引所一部上場企業，2003年4月から2006年3月までの3年間をカバーしている。ただし，銀行，証券，保険会社といった金融業種を除いている。本章では，日本企業の多数が採用している3月末決算企業を対象としている。企業数は1,081社である。トータルで，3,049企業−年次のサンプル数である。各年のメディアカバレッジとディスクロージャーは，4月から翌年3月までで計測される。財務諸表データは，日経ファイナンシャルクエストのものである。公式ディスクロージャーのデータは，東京証券取引所適時開示ネットワーク（TDnet）からである。このデータは，上場企業の適時開示システム上の公開記録から構成されている。たとえば，通期の決算，中間決算，会社発表予想の改訂などを含む。

最初のキーとなる変数であるクラッシュ頻度を計算するために，日経メディアマーケティングから提供されている日本株式日次リターンデータを用いて，2つのクラッシュ変数を構築する。第1のクラッシュ変数は，単純にクラッシュの発生頻度である（CRASH FREQ）。そして，クラッシュとの比較のために，反対方向の極端な株価変動を捉えるために，ジャンプ発生頻度（JUMP FREQ）を計測する。企業レベルでの変数を作成するため，Jin and Myers (2006) と Hutton et al. (2009) の方法に依拠している。そこでは，企業固有リターン（異常リターン）を各企業，各年で，以下の市場モデルに従い，計算する。

$$r_{it} = \alpha_i + \beta_i r_{m,t} + u_{it}$$

r_{it} は企業 i,時点 t での日次リターン,r_{mt} は時点 t の市場リターン,u_{it} は誤差項である。r_{mt} に対して,本章では,東証一部および二部市場の全普通株式から構成された市場ポートフォリオを用いる。市場モデルからの異常リターンは正規分布していると仮定して,0.1％と0.01％を,クラッシュ定義の閾値とする。分布の左裾の各閾値以下に入る頻度を年間クラッシュ発生回数としてカウントする。ジャンプに対しては,分布の右側が使われる。

先行研究でも使用される単純な頻度変数は,クラッシュの規模を十分には捉えきれていない。そのため本章では,年間トータルの負値リターン(negative return)と比較したクラッシュの規模を考慮に入れて代替的な変数を構築する。具体的に,クラッシュリターン比率(1) CRASH SHARE は,閾値以下の領域に入るクラッシュの(2)累積リターンを,(3)累積負値リターンによって割る。

$$\text{CRASH SHARE} = \frac{\sum_{\text{CRASH}} \text{CAR}_{it}}{\sum_{\text{NEGATIVE}} \text{CAR}_{it}} \tag{1}$$

$$\text{クラッシュの累積リターン} \sum_{\text{CRASH}} \text{CAR}_{it} \tag{2}$$

$$\text{累積負値リターン} \sum_{\text{NEGATIVE}} \text{CAR}_{it} \tag{3}$$

ジャンプリターン比率(JUMP SHARE)は,同様に,累積ジャンプリターンと累積正値リターンの比率を使って計算される。注意点として,正規分布での0.1％と0.01％を採用するクラッシュ頻度と異なり,1％点と5％点が閾値として使われる([1％],[5％]と表記)。その理由は,もしここで同様の閾値を用いると,以降の実証分析で示すように,多数のゼロ値がデータ上に生じるからである。こうして,クラッシュ比率変数は,クラッシュイベントを,クラッシュ頻度よりも,より幅広い範囲で定義している。

3.2 メディアカバレッジ

2番目のキーとなる変数であるメディアカバレッジに対して,本章では,日

経テレコン21からの情報を使って，4つの経済専門新聞である，日本経済新聞，日経産業新聞，日経金融新聞，日経流通新聞での1年間の企業報道数をカウントする（MEDIA）。日経データベースシステムでのサンプル企業を報道した記事数を調べるため，4桁の証券コードを用いた[6]。これらの新聞はすべて，日本最大のビジネス・金融専門の新聞社である日本経済新聞社によって発行されている。4つの中でも，日経新聞は，最大の発行部数をもっている（日刊305万6,036部）。他の3紙は，より専門性が高く，発行部数は相対的に少ない（日経流通新聞24万8,200，日経産業新聞16万7,144，日経金融新聞10万2,495）[7]。加えて，メディアカバレッジの時間的な偏りが，メディア報道の集中度を計測するために使われる。なぜなら，市場で発生した短期の情報への反応を説明しようとするとき，ある月でのメディア報道の偏在は，年間を通じての報道集計量よりも重要だからである。この報道の偏りを表す変数は，月次のメディアカバレッジ比率の標準偏差として定義される（SD_MEDIA）。

3.3 ディスクロージャー変数

　ディスクロージャーを表すいくつかの変数を，回帰分析に含める。公開情報の量を捉えるために，公式の企業ディスクロージャー頻度が使われる。具体的には，証券取引所上で投資家に開示されるドキュメントの数を計算する。大きなリターンの変化は，期待将来キャッシュフローやリスクの変化につながるファンダメンタルな企業イベント発表によって起こるかもしれないため，この変数が使われる。また，公開された情報の信頼性を測るために，経営者予想誤差（FCST_ERR）が使われる。これは，実現・予想利益の差異の絶対値を過去3年間で平均化したものとして定義される。Jin and Myers（2006）やHutton et al.（2009）が，会計透明性の文脈で示したように，より正確な予想は，クラッシュ頻度を低下させるかもしれない。また，Kato et al.（2009）が報告しているように，日本企業の大多数は，経営者予想を公表している。これらを背景として，予想精度は，ディスクロージャーの信頼性を測る指標として適している。

3.4 コントロール変数

いくつかのコントロール変数が，Jin and Myers (2006) や Hutton et al. (2009)，Wang et al. (2009) などの先行研究を踏まえて用いられる。当該年度に発生した利益の大幅な変化に起因するクラッシュとジャンプの効果を取り込むために，当期純利益総資産比率（EARNING）とその前年度からの変化幅（ΔEARNING）を使う。これらの変数は，ジャンプと正の相関，クラッシュと負の相関が期待される。出来高の回転率（TURNOVER）は，流動性指標として使われ，日次の発行済み株式総数に対する出来高比率の平均値として定義される。増加した流動性は，それによる低い取引コストが投資家保有情報の価格へ反映を迅速にするため，クラッシュ（ジャンプ）頻度を低下させると期待される。総資産（ASSET）は，企業規模を捉えるために採用される。大企業への投資家は，証券アナリストや金融機関から継続的に，大量の情報を受け取ることができるため，クラッシュ（ジャンプ）頻度は企業規模増加とともに低下すると期待できる。負債・総資産比率で定義される金融レバレッジ（LEVERAGE）は，増加したレバレッジリスクが大規模な株価下落を引き起こす可能性を捉えるために用いられる。株式時価簿価比率（MBRTO）は，過大評価の調整時に発生する極端な株価下落を捉えるために用いられる。

4 分析結果：クラッシュとメディアカバレッジ

4.1 基本統計量

表3-1のパネルAは基本統計量を示している。本章での主要変数であるクラッシュ頻度（CRASH FREQ）の平均値は，0.1％閾値で0.706，中央値は1である。より稀な現象である0.01％基準では，クラッシュ頻度平均値0.303，中央値ゼロとなっている。これらの数字は，平均的企業は1年間で大きな規模のクラッシュを経験することはないこと，および，われわれの基準で定義されたク

表 3-1　基本統計量

(A) クラッシュ・ジャンプ頻度

	N	平均値	標準偏差	最小値	第1四分位	中央値	第3四分位	最大値
CRASH FREQ [0.1%]	3,049	0.706	0.813	0	0	1	1	5
CRASH FREQ [0.01%]	3,049	0.303	0.549	0	0	0	1	4
JUMP FREQ [0.1%]	3,049	2.337	1.355	0	1	2	3	8
JUMP FREQ [0.01%]	3,049	1.299	1.061	0	1	1	2	7

(B) クラッシュ・ジャンプリターン

	N	平均値	標準偏差	最小値	第1四分位	中央値	第3四分位	最大値
Crash return [0.1%]	2,154	−0.071	0.034	−0.259	−0.014	−0.064	−0.049	−0.014
Crash return [0.01%]	923	−0.085	0.038	−0.259	−0.019	−0.082	−0.059	−0.015
Jump return [0.1%]	7,124	0.091	0.054	0.013	0.724	0.075	0.106	0.724
Jump return [0.01%]	3,962	0.111	0.062	0.016	0.724	0.092	0.132	0.724

(C) クラッシュ・ジャンプ比率

	N	平均値	標準偏差	最小値	第1四分位	中央値	第3四分位	最大値
CRASH SHARE [1%]	3,049	0.095	0.021	0.056	0.081	0.091	0.105	0.255
CRASH SHARE [5%]	3,049	0.289	0.032	0.209	0.266	0.285	0.308	0.534
JUMP SHARE [1%]	3,049	0.135	0.040	0.066	0.106	0.126	0.155	0.363
JUMP SHARE [5%]	3,049	0.371	0.060	0.250	0.327	0.361	0.406	0.686

(D) コントロール変数

	N	平均値	標準偏差	最小値	第1四分位	中央値	第3四分位	最大値
SD_MEDIA	3,049	0.068	0.030	0.011	0.046	0.065	0.085	0.215
DISCL	3,049	20.456	9.639	6	14	18	25	97
FCST_ERR	3,049	0.018	0.027	0.000	0.006	0.011	0.021	0.608
EARNING	3,049	0.024	0.052	−1.244	0.011	0.024	0.042	0.930
ΔEARNING	3,049	0.006	0.062	−1.038	−0.004	0.004	0.014	1.443
TURNOVER	3,049	0.005	0.007	0.000	0.002	0.003	0.005	0.096
ASSET（百万円）	3,049	377,396	1,039,396	1,182	50,414	101,251	256,495	18,900,000
MBRTO	3,049	1.471	4.448	0.204	0.837	1.135	1.624	234.103
LEVERAGE	3,049	0.546	0.202	0.044	0.398	0.553	0.703	0.999

ラッシュは，稀な事象であることを示している。ジャンプ頻度（JUMP FREQ）の平均値は，0.1％基準で2.377，0.01％基準で1.299であり，クラッシュの方がジャンプよりも稀なイベントである[8]。

　パネルBは日次ベースでの，クラッシュとジャンプのリターン規模を示し

ている。たとえば，0.1％（0.01％）でのクラッシュの平均リターンは，－7.1％（－8.5％）であり，最小値（最大規模クラッシュ）は，－25.9％である。この日次のクラッシュリターンは，週次の－30.96％のリターンに等しい。これは，米国サンプルで Hutton et al.（2009）が報告している－22.74％に匹敵している。ジャンプに目を向けると，0.1％（0.01％）基準の平均リターンは，9.1％（11.1％）であり，最大値（最大規模ジャンプ）は，72.4％である。週次換算リターンでの54.71％は，Hutton et al.（2009）の報告している33.27％よりも顕著に大きい。

パネル C は，累積負値リターンに対するクラッシュリターン比率（CRASH SHARE）を示している。平均して，1％点以内に属するリターンは，累積負値リターンの9.5％に達する。5％点基準では，そのクラッシュリターン比率は28.9％である。正値リターンの領域では，JUMP SHARE の平均値は，1％基準と5％基準に対してそれぞれ，13.5％と37.1％である。ジャンプ比率の方がクラッシュ比率よりも大きいのは，部分的に，頻度の大小関係に由来すると思われる。

表3－2 のパネル A でのメディアカバレッジの統計量に目を向けると，日経4紙のうち，日経新聞が最も頻繁に企業を報道しており，平均で年間34.08回である。次いで，日経産業新聞の平均値が22.36回である。日経金融新聞と日経流通新聞は，報道頻度が低い（平均値7.94回と3.20回）[9]。4紙合計では，平均値67.6，中央値36である。平均値と中央値の大きなギャップは，分布の右側裾野が長いことに起因している。この分布の歪みは，極端に高い知名度，注目度をもつ企業サンプルに影響を受けている。そのため，回帰分析では，われわれは，正の歪度を調整するために自然対数を用いる（lnMEDIA）。パネル B は，メディアカバレッジの月次での季節変動を示している。それは，はっきりと，メディアが特定の月で企業ニュースを報道する傾向を示している。つまり，大きな頻度をもつ5月と11月は，本決算と中間決算が多数の企業で公表されるタイミングと一致している。この季節性は，後の分析で，異なる情報タイプの効果の観点から，クラッシュへのメディアの影響を詳細に見ることに役立つ。

表 3-2　メディアカバレッジの基本統計量

(A) 新聞媒体別のメディアカバレッジ

	N	平均値	標準偏差	最小値	第1四分位	中央値	第3四分位	最大値
日経4紙	3,049	67.603	101.524	7	24	36	67	1,296
日本経済新聞	3,049	34.087	56.891	3	12	18	32	865
日経産業新聞	3,049	22.369	40.802	0	5	11	23	638
日経金融新聞	3,049	7.946	6.362	0	5	6	9	105
日経流通新聞	3,049	3.202	8.978	0	0	0	1	107

(B) 月別のメディアカバレッジ

	N	平均値	標準偏差	最小値	第1四分位	中央値	第3四分位	最大値
4月	3,049	6.113	10.964	0	1	3	7	186
5月	3,049	9.358	10.146	0	5	7	10	251
6月	3,049	5.102	10.385	0	1	2	6	266
7月	3,049	5.079	9.569	0	1	2	5	144
8月	3,049	5.117	8.508	0	1	3	6	203
9月	3,049	4.567	8.249	0	0	2	5	109
10月	3,049	5.318	9.932	0	1	3	6	153
11月	3,049	6.845	8.337	0	3	4	7	101
12月	3,049	4.344	8.425	0	0	2	5	112
1月	3,049	4.365	8.512	0	0	2	5	119
2月	3,049	5.444	8.240	0	2	3	6	112
3月	3,049	5.950	10.569	0	2	3	7	259

4.2　クラッシュとメディアカバレッジの相関

　表3-3は，主要変数である，クラッシュ・ジャンプ・メディアカバレッジの相関係数を提示している。クラッシュ頻度（CRASH FREQ [0.1％]）とメディアカバレッジ（lnMEDIA）の相関係数は－0.028であり，その程度は弱い。同様に，CRASH FREQ [0.01％] は，その規模は小さいながらも，メディアカバレッジと負の相関を示している。クラッシュ比率変数（CRASH SHARE ［1％]，[5％]）に関して，それらはメディアカバレッジと小さな規模で負の相関関係をもち，クラッシュ促進仮説とは一致しない。しかしながら，メディ

表3-3 相関係数

		(1)	(2)	(3)	(4)	(5)	(6)	(7)	(8)	(9)	(10)
(1)	CRASH FREQ [0.1%]	1.000									
(2)	CRASH FREQ [0.01%]	0.632	1.000								
(3)	JUMP FREQ [0.1%]	−0.176	−0.146	1.000							
(4)	JUMP FREQ [0.01%]	−0.156	−0.130	0.694	1.000						
(5)	CRASH SHARE [1%]	0.663	0.597	−0.178	−0.127	1.000					
(6)	CRASH SHARE [5%]	0.743	0.749	−0.085	−0.031	0.865	1.000				
(7)	JUMP SHARE [1%]	−0.138	−0.090	0.708	0.749	−0.063	0.075	1.000			
(8)	JUMP SHARE [5%]	−0.111	−0.073	0.558	0.717	−0.001	0.119	0.902	1.000		
(9)	lnMEDIA	−0.028	−0.003	−0.217	−0.210	−0.081	−0.078	−0.272	−0.255	1.000	
(10)	lnSD_MEDIA	0.044	0.014	0.201	0.205	0.103	0.099	0.263	0.247	−0.851	1.000

アカバレッジの集中度（lnSD_MEDIA）は，クラッシュ頻度・クラッシュ比率と正の相関関係がある。メディア報道が集中的であるときに，クラッシュが発生しやすいという考え方と一致する。ジャンプに対して，頻度変数（JUMP FREQ [0.1%]，[0.01%]）と比率変数（JUMP SHARE [1%]，[5%]）は，lnMEDIA と負の相関がある。対照的に，これらジャンプ変数は，lnSD_MEDIA と正の相関がある。全体的に，相関係数から見ると，メディアカバレッジとクラッシュの関係性は曖昧な弱い結果である。次に，他の変数もコントロールした回帰分析を行う[10]。

4.3　ベースとなる回帰分析結果

クラッシュ頻度は離散型の整数値の典型的なカウントデータであるので，本章では，ポワソン回帰モデルを採用する。**表3-4**が主要な推定結果であり，t値は企業間の不均一分散をコントロールするため，クラスター頑健標準誤差を用いる。全体として，結果は明らかに，メディアカバレッジはクラッシュ頻度を増加させる効果を示している。たとえば，0.1％閾値モデルでは，lnMEDIAの係数は，正値でかつ統計的に有意である（推定係数＝0.261）。数量的なインパクトを評価するために，平均値での限界効果を計算すると，lnMEDIA の1ポイント増加（対数変換前メディアカバレッジの43から118への変化に相当）は，0.179のクラッシュ頻度の増加を導く。0.01％閾値モデルでは，推定係数は正値

表3-4 クラッシュ・ジャンプ頻度の回帰分析結果

	CRASH FREQ [0.1%]	CRASH FREQ [0.01%]	JUMP FREQ [0.1%]	JUMP FREQ [0.01%]
lnMEDIA	0.2616***	0.3858***	0.0122	0.0755
	[4.21]	[4.15]	[0.36]	[1.45]
lnSD_MEDIA	0.2371***	0.2584**	0.0262	0.0757
	[2.96]	[2.00]	[0.60]	[1.11]
lnDISCL	0.1682***	0.3203***	0.0526**	0.0347
	[3.02]	[3.70]	[2.08]	[0.94]
FCST_ERR	−3.5885***	−3.2011*	0.3548	1.0638
	[−3.27]	[−1.94]	[0.62]	[1.57]
lnASSET	−0.1654***	−0.2605***	−0.1418***	−0.2159***
	[−5.15]	[−5.13]	[−8.81]	[−9.85]
LEVERAGE	−0.098	−0.1028	0.4925***	0.8203***
	[−0.80]	[−0.54]	[7.78]	[9.52]
lnMBRTO	−0.0856*	−0.0683	−0.0718***	−0.1758***
	[−1.96]	[−1.04]	[−3.35]	[−4.67]
EARNING	−0.5789	0.3934	0.1424	0.1387
	[−1.09]	[0.49]	[0.49]	[0.37]
ΔEARNING	−1.4152**	−2.4034***	0.3621*	0.2509
	[−2.24]	[−2.89]	[1.76]	[0.87]
TURNOVER	−7.4786**	−6.2512	9.2299***	11.2984***
	[−2.05]	[−1.14]	[6.77]	[6.47]
FY2005	0.2758***	0.4544***	−0.0112	0.0014
	[5.05]	[5.13]	[−0.46]	[0.04]
FY2006	0.3095***	0.4926***	0.0924***	0.1420***
	[5.38]	[5.22]	[3.55]	[3.63]
constant	0.7420***	−0.0299	2.0174***	2.0192***
	[2.60]	[−0.07]	[13.47]	[10.14]
χ^2	134.66***	98.59***	476.80***	584.49***
対数尤度	−3279.572	−2058.164	−5033.57	−4104.875
N	3,049	3,049	3,049	3,049

(注) ポワソン回帰モデルによる推定。***,**,* はそれぞれ1%,5%,10%水準で統計的に有意。
[ ] 内の t 値は,cluster robust S.E. により計算。

であり,0.1%閾値モデルでの規模を超えている(推定係数=0.385)。これらの正値の推定係数は,クラッシュ促進仮説を支持しており,より多くのメディア報道は,より頻繁に極端な株価下落を引き起こしている。反対に,メディアカバレッジが,情報の株価反映をスムーズにするという効果とは一致しない。こ

のようなクラッシュ頻度を増やすメディア効果は，より透明性高い企業ディスクロージャーがクラッシュ頻度を抑制するという先行研究の Jin and Myers (2006) や Hutton et al. (2009) の結果とは対照的である。ディスクロージャーもメディア報道も，どちらも情報を投資家に提供するという共通点をもつという点では，興味深い相違である。会計上の透明性増加とは異なり，マスメディアによる報道は，短期的な偏りや一時的な集中傾向をもち，それがクラッシュを促進しているのかもしれない。

そこで，メディアカバレッジの分布の効果をより詳しく検証するために，どの程度集中的に，マスメディアが企業を報道しているかを捉える変数を含める (SD_MEDIA)。この変数の推定係数は，すべて正値であり，統計的にも有意である。つまり，CRASH FREQ［0.1％］，［0.01％］に対して，推定係数は，それぞれ，0.237, 0.258となっている。これは，より集中化した分布をもつメディア報道はバッド情報に対する急激な株価下落を促進することを意味している。言い換えると，メディアカバレッジが1年間を通してより均一に分布していれば，クラッシュ発生回数は低下する傾向にある。マスメディア報道の量 (lnMEDIA)・分布 (lnSD_MEDIA) の結果を合わせると，量的に見て集中的な報道傾向が，市場への短期間での偏った情報伝達プロセスを生み出し，それが株価の急激な下落を引き起こしている。また，一般的に観察される日本市場での短期リバーサル現象を考慮すると，集中的な報道量に対する投資家の過剰反応が，クラッシュを引き起こしている可能性も示唆される (Iihara et al. (2004) など)。

表3-4の右側は，ジャンプ頻度の結果を掲載している。メディアカバレッジの推定係数は，統計的に見て有意ではない。全般に，メディアカバレッジは株価の上方への極端な動きには関連しないようである。この結果は，情報開示透明性によるジャンプへの効果が希薄であるとした Hutton et al. (2009) の結果とも一致している。クラッシュでの結果と合わせると，メディアは，グッドニュースよりもむしろ，株式価値を低下させるバッドニュースを伝達することに大きな役割を果たしている。具体的には，このクラッシュとジャンプの非対

称なパターンは，Kothari et al.（2009b）で展開されている議論によって部分的に説明できる。その研究では，企業経営陣はタイムリーにグッド情報を開示する誘因をもつ一方で，バッド情報を開示することには抵抗する。バッドイベントに比較して，グッドイベントに対する良好な情報開示姿勢は，株式市場がグッド情報を十分に反映することを促進し，他方では，メディア報道がグッドニュース伝達に果たす役割を弱める。

　公式ディスクロージャーに目を向けると，lnDISCL のクラッシュへの係数は，すべて正値であり統計的に有意である。これは，ディスクロージャー情報の増加は，メディアカバレッジ同様に，株価クラッシュ回数を増幅することを意味する。ジャンプに対しては，lnDISCL は正値であるが，限界的な水準でのみ統計上有意な係数を示している。これは，弱い程度ではあるが，公式に投資家にとって好ましい情報を開示することは，株価の極端な上方への変化を促進することを示唆している。増加する利益予想誤差（FCST_ERR）は，クラッシュ頻度を減らし，これは，信頼性のあるディスクロージャー政策がタイムリーな情報反映を促すという事前の予想に反する。

　他のコントロール変数の推定係数は以下のように要約できる。lnASSET の係数は，クラッシュとジャンプ両方に対して負値である。高い知名度をもつ大手企業の株式は，情報のスムーズな反映にとって望ましい環境をもっている。利益の変化（ΔEARNING）は，クラッシュと負の相関，ジャンプと正の相関関係がある。予想されたように，減少した（増加した）利益は，ファンダメンタルな収益性の変化を反映して，高いクラッシュ（ジャンプ）頻度と関連している。TURNOVER の推定係数によると，増加した流動性は，期待されたように，クラッシュ頻度を低減させるが，他方で，ジャンプ頻度を増加させている。高い株式時価簿価比率（lnMBRTO）は，より少ないクラッシュとジャンプ頻度につながっている。急速かつ大規模な価格調整が一時的な評価過誤によって引き起こされるという予想は，過小評価のケースにのみ当てはまる。

　次に，クラッシュリターン規模への効果について見ていく。**表3-5**には，クラッシュ比率（CRASH SHARE）とジャンプ比率（JUMP SHARE）が従属

変数として使われる OLS 回帰分析結果を掲載している。独立変数は，前のポワソンモデルと同様である。クラッシュ頻度の結果と類似して，メディアカバレッジはクラッシュリターン比率と正の相関がある（1％点モデルでの係数＝0.0075）。この推定結果は，クラッシュ促進仮説を，クラッシュ規模の観点から支持している。つまり，増加したメディアカバレッジは，クラッシュ頻度だけでなく，そのリターン規模も増加させている。推定係数の傾きは，lnMEDIA の1標準偏差増加に対して，CRASH SHARE ［1％］の0.287標準偏差増加という経済効果を示している。メディアカバレッジの集中度 lnSD_MEDIA は，クラッシュ比率と正でかつ有意な関係をもっている（1％モデルでの係数＝0.0079）。再び，これは，より集中化したメディア報道が，リターン規模の観点から，クラッシュの規模を増加させるという主張を支持するものである。

　ジャンプについて，lnMEDIA は，高い統計的な有意性で，正値の推定係数を示している。lnSD_MEDIA もまた，正値かつ有意な係数を持っており，ジャンプ頻度モデルでの統計的に非有意な結果とは対照をなしている。1つのありうる解釈として，グッド情報へのメディアカバレッジはバッド情報よりも狭い範囲の情報に集中しており，そのため，グッド情報への増加したメディアカバレッジは，追加的にジャンプ頻度を増やすことには，影響力が小さいのかもしれない。

4.4　クラッシュ促進仮説の追加分析

　メディア報道が，クラッシュ頻度とそのリターン規模を増加させるという発見をさらに分析するために，いくつかの追加的なモデルを検討する。結果は，**表3-6**に掲載している。最初に，メディアカバレッジとディスクロージャーの相互効果を，その交差項を含めることでチェックする。これによって，メディア効果が，公式ディスクロージャーに現れるファンダメンタル情報に関連した効果であるか検証する。この相互効果は，Miller（2006）による情報再分配機能と類似する。正確な相互効果は，ポワソン回帰分析のような非線形モデ

表 3-5　クラッシュ・ジャンプリターン比率の回帰分析結果

	CRASH SHARE [1%]	CRASH SHARE [5%]	JUMP SHARE [1%]	JUMP SHARE [5%]
lnMEDIA	0.0075***	0.0128***	0.0071***	0.0115***
	[5.46]	[6.13]	[3.19]	[3.38]
lnSD_MEDIA	0.0079***	0.0138***	0.0068**	0.0108**
	[4.46]	[5.29]	[2.30]	[2.48]
lnDISCL	0.0045***	0.0056***	0.0014	0.0014
	[4.37]	[3.57]	[0.86]	[0.60]
FCST_ERR	−0.0293	−0.0822**	0.0519	0.0813
	[−1.64]	[−2.40]	[1.32]	[1.19]
lnASSET	−0.0047***	−0.0074***	−0.0123***	−0.0202***
	[−7.59]	[−7.55]	[−13.01]	[−13.46]
LEVERAGE	0.0004	−0.0045	0.0388***	0.0586***
	[0.17]	[−1.22]	[9.07]	[9.38]
lnMBRTO	−0.0020**	−0.0042***	−0.0112***	−0.0133***
	[−2.54]	[−3.25]	[−5.94]	[−5.16]
EARNING	−0.0202*	−0.0450**	−0.0068	−0.0043
	[−1.71]	[−2.28]	[−0.23]	[−0.11]
ΔEARNING	−0.0296***	−0.0344**	0.0062	0.0283
	[−2.59]	[−2.14]	[0.26]	[0.97]
TURNOVER	−0.0158	−0.5345***	1.3159***	2.4896***
	[−0.26]	[−5.02]	[9.24]	[10.46]
FY2005	0.0078***	0.0138***	0.0070***	0.0061***
	[8.97]	[10.29]	[4.29]	[2.81]
FY2006	0.0094***	0.0177***	0.0098***	0.0146***
	[9.71]	[11.62]	[5.80]	[5.80]
constant	0.1273***	0.3475***	0.2350***	0.5397***
	[24.81]	[41.78]	[25.69]	[38.53]
adj. R^2	0.0916	0.1175	0.2565	0.3246
F-value	19.68***	24.95***	70.24***	85.60***
N	3,049	3,049	3,049	3,049

（注）OLS 推定。***，**，*，はそれぞれ 1％，5％，10％水準で統計的に有意。[ ] 内の t 値は，cluster robust S.E. により計算。

ルでの交差項の推計係数によって測ることができないので，CRASH SHARE と JUMP SHARE が，従属変数として使われ，OLS が適用される[11]。クラッシュモデルの交差項係数は，メディアカバレッジとその集中度について正値かつ有意である（lnMEDIA x lnDISCL，lnSD_MEDIA x lnDISCL）。これは，メ

表3-6 メディアカバレッジとディスクロージャーの交差効果

	CRASH SHARE [1%]	CRASH SHARE [5%]	JUMP SHARE [1%]	JUMP SHARE [5%]
lnMEDIA	−0.0165**	−0.0107	0.0155*	0.0231*
	[−2.40]	[−1.17]	[1.69]	[1.76]
lnSD_MEDIA	−0.0286**	−0.0286*	0.0326*	0.0440*
	[−2.56]	[−1.80]	[1.92]	[1.85]
lnMEDIA x lnDISCL	0.0078***	0.0076**	−0.0027	−0.0038
	[3.41]	[2.58]	[−0.93]	[−0.89]
lnSD_MEDIA x lnDISCL	0.0119***	0.0139***	−0.0086	−0.0111
	[3.11]	[2.63]	[−1.56]	[−1.41]
lnDISCL	0.008	0.0153*	−0.0123	−0.0152
	[1.59]	[1.92]	[−1.51]	[−1.27]

(注) OLS推定。***，**，*，はそれぞれ1％，5％，10％水準で統計的に有意。[ ] 内の t 値は，cluster robust S.E. により計算。その他コントロール変数は結果を省略。

ディアカバレッジのクラッシュへの効果は，ディスクロージャー頻度によって強化されることを示唆する。言い換えると，より多くの企業ディスクロージャー情報が公式に開示されるとき，追加的なメディアカバレッジはクラッシュ増加により強く寄与する。メディア報道は記者自身の解釈や分析を開示情報にある程度追加できるかもしれないが，完全に独自の調査報道よりもむしろ，企業から発信される情報の再分配が大きな市場反応を作り出している。対照的に，JUMP SHARE に対しては，交差項は統計的有意性が欠如している。グッドニュースを報道するメディアのジャンプ促進効果は，企業ディスクロージャー以外の情報源から来るかもしれない。

最後に，年間を通じたメディア報道の季節変動を分析する。3月末に会計年度を設定しているサンプル企業が5月に本決算を発表しているため，5月のメディアカバレッジは高いことを想起してほしい。このため，最もファンダメンタルな情報である利益公表は5月に集中している。この季節性の効果を回帰分析に取り込むために，メディアカバレッジを，5月とそれ以外の月に分割する[12]。**表3-7**はこれら2つの変数を導入した回帰分析結果である。パネル(A)のポワソンクラッシュモデルでは，lnMEDIA [May] の係数は有意に正値で

表3-7 月別のメディアカバレッジの効果（5月とその他の月）

(A) クラッシュ・ジャンプ頻度のポワソン回帰分析

	CRASH FREQ [0.1%]	CRASH FREQ [0.01%]	JUMP FREQ [0.1%]	JUMP FREQ [0.01%]
lnMEDIA [May]	0.1912***	0.2869***	−0.030	−0.0367
	[4.20]	[3.75]	[−1.32]	[−1.12]
lnMEDIA [Others]	0.1245*	0.1701	0.0263	0.0984*
	[1.87]	[1.55]	[0.75]	[1.85]
lnSD_MEDIA	0.1723*	0.1509	0.039	0.1104
	[1.89]	[0.98]	[0.80]	[1.46]
lnDISCL	0.1625***	0.3151***	0.0552**	0.0369
	[2.92]	[3.63]	[2.18]	[1.00]

(B) クラッシュ・ジャンプリターン比率のOLS回帰分析

	CRASH SHARE [1%]	CRASH SHARE [5%]	JUMP SHARE [1%]	JUMP SHARE [5%]
lnMEDIA [May]	0.0028***	0.0056***	−0.0006	−0.0018
	[3.51]	[4.57]	[−0.41]	[−0.84]
lnMEDIA [Others]	0.0054***	0.0086***	0.0075***	0.0123***
	[3.82]	[4.05]	[3.23]	[3.46]
lnSD_MEDIA	0.0075***	0.0126***	0.0083**	0.0133***
	[3.80]	[4.37]	[2.55]	[2.76]
lnDISCL	0.0044***	0.0055***	0.0015	0.0017
	[4.31]	[3.49]	[0.92]	[0.70]

（注）OLS推定。***，**，* はそれぞれ1％，5％，10％水準で統計的に有意。[ ] 内の t 値は，cluster robust S.E. により計算。その他コントロール変数は結果を省略。

ある（CRASH FREQ [0.1％] への推定係数=0.192）。しかしながら，lnMEDIA [Others] の係数は相対的に小さく，有意性は低い（推定係数=0.124）。CRASH FREQ [0.1％] への中央値での限界効果は，5月で0.130，その他の月で0.085である。これは，クラッシュ頻度が，メディアによって仲介される決算結果（ファンダメンタル情報）への投資家反応によって増幅されることを示唆する。パネル（B）でのクラッシュリターン規模比率CRASH SHAREに対して，メディアカバレッジの推定係数は，5月とその他の月で，正値で有意である。クラッシュ頻度とは対照的に，クラッシュ規模は5月よりも，その他の月のメディア報道に強く依存している。正確に経済規模を比較す

ると，lnMEDIA［May］の1標準偏差増加は，CRASH SHARE［1％］の0.082標準偏差増加をもたらし，lnMEDIA［Others］の同様の標準化効果は，0.224標準偏差増加である。同じように，CRASH SHARE［5％］に対して，5月の標準化効果は，その他の月の標準化効果よりも小さい。

ジャンプ頻度に目を向けると，ポワソンモデルに対して，JUMP FREQ［0.01％］への限界的な有意水準で，lnMEDIA［Others］の係数のみが正値である。ジャンプリターン比率に関しては，5月の効果lnMEDIA［May］は非有意であるが，その他の月lnMEDIA［Others］では，メディアカバレッジはジャンプリターンに有意に正の効果をもつ。ディスクロージャーとメディアカバレッジの交差項に関する類似の発見を考慮すると，ジャンプは，正の利益サプライズのような会計情報とは無関連の，グッドニュースのメディア報道によって引き起こされるようである。

4.5　頑健性のチェック

分析結果の頑健性を確認するために，さまざまな代替的な変数をクラッシュ，ジャンプ，メディアカバレッジに当てはめて検証する。結果は，紙幅の節約のため表に掲載していない。最初に，これまで結果が，リターン生成モデルの選択に関して変化するかどうか確かめるために，Fama-French（FF）3ファクターモデルをクラッシュとジャンプを計測するために適用する。定式化は以下のとおりである。

$$r_{it} - r_{f,t} = \alpha_i + \beta_{1,i}(r_{m,t} - r_{f,t}) + \beta_{2,i} r_{SML,t} + \beta_{3,i} r_{HML,t} + u_{it}$$

r_{it}は日次リターン，r_{ft}はリスクフリー金利（10年物国債金利）であり，r_{mt}は市場ポートフォリオリターン，r_{SMLt}はサイズファクター，r_{HMLt}は時価簿価ファクターである。このFFクラッシュ頻度変数は，市場モデルでの頻度変数と相関が高い。相関係数は，0.1％と0.01％の閾値に対して，それぞれ0.796と0.844である。FFモデルからのクラッシュ頻度は，市場モデルからのものよりもやや低い。その平均値は，0.1％と0.01％閾値に対して，それぞれ0.601と0.264

である。理由は，前者は追加的に規模・時価簿価効果をコントロールしているからである。ポワソンモデルでは，メディアカバレッジの推定係数は，両方の閾値において，すべて正値であり統計的に有意である。これは，増加したメディア報道がクラッシュ頻度を増加させるという主要結果を確認するものである。

もう1つの，クラッシュとジャンプの頻度変数へのチェックでは，株価水準の下限がゼロとなっている点を考慮して，標準的な正規分布の代わりに，Jin and Myers（2006）でも採用されている対数正規分布を仮定する。これによって，理論上，より頻繁なマイナスのリターンがクラッシュとして計測され，より少ないプラスのリターンがジャンプとして計測される。実際，対数正規分布でのクラッシュとジャンプの頻度平均値は，0.1％閾値ケースで，それぞれ，0.805（0.706）と2.215（2.337）である（括弧内は，正規分布の場合）。回帰分析結果は，ベースとなる主要結果と基本的に類似しており，メディアカバレッジとその集中度は，クラッシュを増加させる効果をもつ。

メディアカバレッジ変数への代替的な方法として，新聞記事の情報量を考慮するために，記事文章中の文字情報数を用いる[13]。この変数を構築するために，本章では微調整を加えている。記事が，多数の企業の決算短信などの要約表からなるとき，通常の記事に比べて，その文字数は形式上非常に多くなる。それゆえ，その場合は，もともとの要約表の文字数を，年間の通常記事の平均文字数に置き換える。全体として，回帰結果は，ベースとなる記事数による結果と類似している。1つの違いは，lnSD_MEDIA の統計的有意性が，クラッシュ頻度モデルと比べて弱くなっている点である。

また，メディアカバレッジの潜在的な内生性について考慮した分析を行った。つまり，マスメディア報道は，部分的に，クラッシュから逆に引き起こされるかもしれない。これは，大規模で急激な株価の動きが，メディアの注目を集めることから生じる。この問題に対応するために，Engelberg and Parsons（2011）は，新聞と投資家の地域データを用いて，メディアカバレッジが市場反応に与える因果関係をうまく分析している。しかしながら，本章でのデータ

ベースでは，そのような詳細なデータは利用できないため，新聞記事の見出し内容を分析に加えることで，部分的に，この問題に対処する。日本の株式市場では，日次の値幅制限が極端な株価変動を防ぐために導入されている。たとえば，名目値で100円から200円の範囲の株価に対して，変動幅は，上下50円以内に制約されている。よって，値幅制限近くの株式取引は，投資家にとって大きなニュースである。こうした制度を利用して，メディアカバレッジから，下方の値幅制限（「ストップ安」）と上方の値幅制限（「ストップ高」）というフレーズを含む見出し記事を削除する。この修正されたメディアカバレッジによっても，ベースとなる結果と類似した回帰結果を得た。これもまた，クラッシュ促進仮説を支持している。

5 まとめ：マスメディア報道による株価急落効果

株式市場におけるマスメディアの経済的役割は，近年注目を集めているが，ファイナンス分野では先行研究は少ない。本章での分析では，メディアカバレッジの株価変動への影響を，特にクラッシュとジャンプ変数に着目して分析した。金融市場での価格変化のタイミングの観点から，株式市場にとって，企業固有情報は，企業内部にファンダメンタルな変化が起これば速やかに，株価へと織り込まれることが望ましい。企業ディスクロージャーの先行研究（Jin and Myers（2006），Hutton et al.（2009））を，マスメディアを通じた情報伝播プロセスへの拡張するために，新聞報道記事の企業別集計値とその集中度という2つのメディアカバレッジ変数を構築し，クラッシュとジャンプへの効果を分析した。主な結果は以下のようにまとめられる。

主要な結果として，クラッシュ頻度はメディアカバレッジとともに増加することを発見した。これは，メディアカバレッジが投資家の情報への極端に大きな反応を促進することを示唆している。メディアカバレッジの季節的な集中度もまた，クラッシュ頻度を増加させる。代替的なクラッシュ規模変数として，負値リターンに占めるクラッシュの比率を用いるとき，メディアカバレッジの

クラッシュ促進効果を確認した。総合すると，これらの結果は，マスメディア報道の量的な偏りが，不均一な情報伝達プロセスを作り出し，それが短期間での株価急落に帰結することを示唆している。また，日本市場の短期の株価リバーサル現象についても合わせて考慮すれば，その一時的な株価下落は，マスメディア情報への投資家の過剰反応によって一部引き起こされているのかもしれない。

対照的に，ジャンプ頻度に対して，メディアカバレッジ効果を検出していない。これは，メディア報道でのグッドニュースは，極端な株価上昇を引き起こさないことを意味する。しかしながら，ジャンプリターンの比率は，メディアカバレッジ増加に伴い，上昇する傾向がある。

追加的な分析において，マスメディア経由のどんなタイプの情報がクラッシュ発生にとって重要かを調べた。メディア報道は，公式ディスクロージャーと相互作用して，クラッシュリターンを増加せることがわかった。また，クラッシュ頻度とメディアカバレッジの関係は，通期決算が公表される5月に顕著である点が確認された。これらの発見を合わせて考えると，クラッシュへのメディア効果は，利益業績のような財務情報の集中的な情報再分配プロセスによって生み出される。

最後に，ジャンプに対して，ディスクロージャーとメディアカバレッジについては明確な相互作用は確認できなかった。加えて，5月以外のメディアカバレッジが，5月のメディアカバレッジよりも，大きな影響をジャンプに与えている。これは，クラッシュのケースとは異なるパターンである。メディア独自の情報源（つまり公式ディスクロージャー以外の情報源）からのグッドニュース発信が，株価急騰を引き起こしている。他方で，正の利益サプライズのような会計情報は，タイムリーな形で，日常的に株価に織り込まれ，メディア報道は大きな影響力をもたない。

●注

1 クラッシュの定義は，標準正規分布の左側0.1％裾野までリターンが下落することを指している。
2 ERDの先行研究が想定するクラッシュイベントは巨大災害時周辺の株価変化のようなケースであり，他方で，われわれの分析対象イベントは，それに比べると相対的に観察回数の多い大幅な株価下落という点で異なる。
3 リストのランキング・新聞紙名・国・発行部数（×1,000）は，順に以下のとおりである。(1) 読売新聞，日本，10,019，(2) 朝日新聞，日本，8,019，(3) 毎日新聞，日本，3,738，(4) The Times of India，インド，3,556，(5) Bild Germany，ドイツ，3,300，(6) Cancao Xiaoxi China，中国，3,254，(7) 日本経済新聞，日本，2,728，(8) The Sun，英国，2,863，(9) 中日新聞，日本，2,728，(10) 人民日報，中国，2,523。読売・朝日・毎日と中日新聞は日本の一般紙であり，日本経済新聞は経済専門紙である。
4 Media Data（2009），p.10，（日本経済新聞）を参照。
5 いくつかの理論研究は，なぜメディア報道が特定のタイプの情報に集中しているかを分析している。Baron（2006）は，特定イベントの過度の強調スタイルというニュースメディアのバイアスを説明するため，ジャーナリストがキャリア形成への懸念から，大衆の関心を集める行動をとるモデルを構築している。Mullainathan and Shleifer（2005）は，読者が自分の事前知識と一致するニュースを聞くことを望むという行動バイアスのもとで，情報に加味される偏向傾向の観点から，メディアバイアスを合理的に説明している。
6 日経テレコン21での検索システムは，内部に，主要なトピックスとして（たとえば，その企業が最初の文章で登場している，など），その記事が企業を報道しているかどうかの識別子を割り当てている。
7 Aman（2011）は，日本企業の同様のデータベースを用いて，メディアカバレッジの企業固有ボラティリティへの効果を分析している。
8 クラッシュとジャンプの平均値の差異は，リターンが正規分布しているという設定から来ている可能性がある。われわれは，対数正規分布を代替的に仮定することで分析の感度を後の節でチェックしている。
9 メディアカバレッジの差異は発刊頻度の差にもよる。
10 lnMEDIA と lnASSET の高い相関係数（0.768）のため，われわれは，次の節の多変量分析で，企業規模をコントロールする必要がある。
11 Ai and Norton（2003）を参照。
12 自然対数を取る前に，MEDIA［May］と MEDIA［Others］に1を足す。
13 データベースは「単語数」に関する情報は含んでいないため，「文字数」を用いる。

第4章

株価クラッシュと
コーポレートガバナンス

1 株価クラッシュと情報反映度

　株価が企業に関わるさまざまな情報を迅速に反映することは，株式市場の情報効率性の観点から望ましい。また，株価が企業評価指標として，証券投資，M&A，報酬制度など多様な経済活動の局面において活用されている事実は，株価が情報を効率的に反映することの重要性を示している。Fama（1970）による初期の効率的市場仮説のレビューに見られるように，株価の情報効率性は，ランダムウォーク仮説の検証，公開情報への株価反応，未公開情報による超過利益の可能性の分析など，多面的に活発な理論・実証双方の研究が長年にわたって発展している。

　これらに関わる過去の研究群は，情報の公開性のタイプに応じたアプローチと言える。近年では，第2章で見たように，株価変動と情報効率性の関連性の議論では，企業固有情報がどのように株価に反映されているかというテーマに対して盛んに研究が展開されている。つまり，株価の変動を市場全体の趨勢に連動する部分と企業固有部分（企業固有変動）に分解し，どのような情報環境がその比率に影響を及ぼすかという研究がなされている（Jin and Myers (2006), Morck *et al.* (2000b) など）。

　本章では，効率的市場仮説および企業固有ボラティリティの議論をさらに発展させるものとして，株価の急激な変動現象に焦点を当てる。特に Jin and Myers (2006) での国際比較研究の一部を，日本市場において応用発展させる

ことを試みる。企業情報がタイムリーに開示され，それが適時適切な形で株価に反映するなら，株価の変動はスムーズなものになると考えられる。反対に，本来逐次的に株価に反映されるべき情報が，何らかの情報伝達プロセスの機能不全から，特定の時期に一気に反映されると，株価の急激な変動をもたらすことになる。この意味で，株価の急激な変動現象は，情報反映のスピード・タイミングの観点からは望ましくない事象である。特に，企業にとって不利な情報公開に関するインセンティブ構造と株主によるガバナンスの面から，株価急落現象が引き起こされる可能性がある。

　市場価格の急落（クラッシュ）は，現象的には投資家にとってインパクトの高いニュースであるため，しばしばマスメディアにも取り上げられている。なかでも，新興上場企業の情報開示体制の不備はよく指摘されている。小さな企業規模，リスクの高い事業特性，事業経過年数が若いなどの新興企業独特の事情から，大手上場企業と比較して，株価の急落・急騰が発生しやすい環境がある。よって，研究対象のサンプル企業として新興企業を取り上げることは，情報開示システムの問題点を考えるうえでの必要性・意義が高い。たとえば，日本証券業協会（2009）は，新興上場企業への問題提起の中で，粉飾決算やその他問題ある企業行動の増加傾向を指摘している。また，門脇ほか（2008）は，上場ベンチャー企業の上場廃止から，原因となる多数の不正行為ケースをまとめている。本章では，この背景を踏まえて，代表的な新興市場である東証マザーズに関するデータを用いて分析する。

　本章では，株価の急激な下落（クラッシュ）が，どのような要因によってもたらされているかを検証する。特に，主要な要因として，コーポレートガバナンス構造から所有権分布の状況を取り上げる。近年の制度・政策面においても，情報開示とコーポレートガバナンスの重要性は強調されている。証券取引所による適時開示要請などの上場規制に見られるように，企業経営陣は，株主利益に影響する将来利益の見通しやリスクに関わる情報をタイムリーに開示することを求められている。また，2004年に出された東証による「コーポレートガバナンス原則」やその後の2009年改訂版では，OECDコーポレートガバナンス

原則に準じて,財務情報や経営の定性情報などを適時適切に投資家へ開示することを求めている。

　伝統的なコーポレートガバナンス論では,株主－経営陣の利害不一致と情報非対称性のもとでのエージェンシー問題が広く指摘されている。同時に,分散所有による問題の深刻化および大株主によるモニタリング機能が,投資行動や経営効率化を含む企業行動やその結果としての企業価値に対して影響を及ぼすことが検証されている。本章では,株式市場への企業情報伝達プロセスの円滑化という視点から,コーポレートガバナンスと株価クラッシュ現象の関連性を見ていく。分析テーマを要約すると,特定のタイプの株主層が,一般株主利益の立場から,企業情報開示に対する規律づけの役割を果たしているならば,情報は逐次スムーズに株価に反映され,株価クラッシュ発生確率や頻度は軽減される,という仮説をテストする。他方で,特定の株主グループが,情報開示を抑制する方向へ働くなら,株価クラッシュ頻度や発生確率が高まることになる。

　研究結果を事前にまとめておくと,株主属性の中でもとりわけ,金融機関持株比率については,クラッシュ確率を増加させる効果が検出された。銀行を中心としたモニタリング機能は,外部投資家にとっての利用可能情報の拡大には貢献しない。そのほかの株主タイプの事業会社・外国人・個人株主については,全般的な結果は,やや曖昧な傾向を示しており,確定的な結論は得られなかった。

　研究上の新たな貢献,学術的意義に関して述べると,第1に,個別株式レベルで株価の急落現象の要因解明を行った実証研究は未だ稀少な状況にあるなかで,本章での研究結果から一定の知見を得ることができる。平常時と比べて極端な変動という株価の振る舞いを分析することによって,従来の情報効率性の観点に加えて,情報反映のスピードという視点からの分析結果を提示する。市場全体でのクラッシュ現象を時系列分析の視点から見るものは多いが,個別株式レベルでの企業固有情報の反映度から考察するものは少ない。第2に,コーポレートガバナンスにおける観点から,日本市場での株価の情報反映を実証的に取り扱ったものは少ない。従来のコーポレートガバナンス研究では,異なる

株主属性が，企業行動や企業パフォーマンスにどのような影響を及ぼすのかという問題が幅広く研究されてきた。日本においては，銀行，特にメインバンクや企業系列関係の影響が特に注目され研究対象とされてきた（青木（1996），Hoshi *et al.* (1991) など）。しかしながら，株主層の状況が，経営陣への情報開示への規律づけを通して，株価の急激な変動に対して，どのような効果があるのかという問題については，従来の研究の中でも未だ分析が発展途上の段階にあるのが現状である。

構成は，つづく第2節において，クラッシュ分析および日本企業のコーポレートガバナンスに関する先行研究のレビューを行いながら，それらを参考として，この研究での実証テーマを具体的に説明する。第3節では，分析に用いる新興企業のデータの記述，株価の急落頻度の指標構築，所有権構造変数の説明を行う。第4節では，分析結果を提示し，コーポレートガバナンス構造と株価変動の関連性に関するインプリケーションを提示する。最後に第5節では，研究内容を総括し，今後の研究発展の方向を展望する。

2 株価クラッシュと株式所有権構造

2.1 株価クラッシュの議論

本章の趣旨は，個別企業レベルでの企業固有情報の影響を見る点，および，株価のボラティリティ特性に焦点を当て，その決定要因を探るという意味で企業固有ボラティリティ研究の延長線上にある（第2章を参照）。しかしながら，より具体的には，株価の急落現象の頻度や発生確率を被説明変数として扱うという意味で，情報反映度の質的側面よりむしろ，情報反映度のスピード・タイミングを検証することに重点がある。

一般に，株価クラッシュという用語の定義は，それを使用する人や局面によって変わるため，ここで若干の整理をする。多くの研究では，株式市場全体の株価急落を指すが，あくまでも本章では個別株式における株価急落を取り上

げる。実証段階では，個別株価のリターンから市場ポートフォリオリターンを控除した超過部分の動向を見ている。そのことの意義は，研究の焦点が個別企業のコーポレートガバナンス構造やそれから派生する情報開示の在り方について検討することにある。Hong and Stein（2003）では，3つのクラッシュ分類を提示している。第1番目は，大きな公開されたニュースが発生していない状況において，大幅な株価の「変化」が発生することである。第2に，その変化の方向性がネガティブであることであり，第3に，株価変化が市場全体に伝播していることを指す（contagion）。本章では，市場全体の影響よりむしろ，あくまでも個別企業レベルでの情報伝播に焦点を当てるため，シンプルな考え方として，第2の定義のみに該当する[1]。

　株価の急落現象は，しばしばマスメディアにおいても，個別株式のレベルで報道されることが多い。たとえば，特定のバッド情報の公開や悪材料，何らかの懸念事項がきっかけとなって，株価が平常時と比較して短期間のうちに下落する場合などである。通常，株価の下落自体は，企業固有のファンダメンタル要因の下方修正，つまり，期待される将来キャッシュフローの低下やリスク要因の高まりを反映するものであるから，下落それ自体は市場にとっては極めて健全な価格の振る舞いである。しかしながら，下落幅が通常と比較して異常に大きい場合，企業の情報開示についての問題をはらんでいることが懸念される。株価パフォーマンスの低下を招くバッド情報の公開を躊躇するであるとか，隠蔽する誘因が経営陣にあるとすると，大幅な株価下落現象は，情報開示姿勢の不十分さや制度的な情報開示体制の不備を意味する。反対に，たとえ経営陣自身の評価にマイナスとなるようなバッド情報であっても，それが迅速に公表されているなら，単位期間の株価下落幅は漸進的であると予想される。

　本章では，株価の急落現象を情報開示の遅延を示唆するものとして捉え，それがどのような要因によって引き起こされているのかを検証することを目的とする。主に，情報反映のスピード・タイミングという視点を軸として，所有権構造の状況と株価急落の関係を分析する。これを見ることによって，企業外部からのモニタリングが，適切な情報開示を通じて，どのように望ましい株価形

成に影響を与えているかを明らかにすることができる。

　Jin and Myers (2006) は，国別レベルの分析枠組みを用いて，株価の急落現象を考察している先駆的研究であり，本章の分析は基本的な部分でそれを応用発展させるものである。彼らの理論モデルでは，外部投資家にとって透明性の低い制度的枠組みのもとでは，株式リターンがネガティブな方向へ大きく振れる可能性が高まることを示唆している。より具体的には，企業経営陣は企業にとってのバッド情報公表を忌避するインセンティブをもつ。そしてその結果，隠されたバッド情報が一時期に一気に公表されるため，株価が極端に変動する。実証レベルでは，国別のディスクロージャー制度をスコア化したものを用いて，より高度なディスクロージャー水準が，株価のクラッシュ確率を低めることを示している。Kothari et al. (2009b) は，実際に，会社予想情報の公表タイミングの分析を通じて，経営陣が，グッド情報のタイムリーな発信には積極的であるが，バッド情報の公表を遅延し，累積した情報を一気に公開する傾向を発見している。またそれを反映して，バッド情報への相対的に大きな株価反応を発見している。Hutton et al. (2009) は，Jin and Myers (2006) の理論的背景を基礎とした実証研究であり，米国企業を対象として，会計上の情報開示のあり方が株価急落に及ぼす効果を検証している。主な変数として，実証会計学でしばしば用いられる裁量的発生高（discretionary accrual）が株価クラッシュの発生頻度を高めることを確認している。このことは，会計的な意味での不透明性が高いことが，スムーズな情報伝達を妨げ，株価が急落しやすいことを示している。本研究においても，同様の趣旨で，個別企業レベルで情報伝達と株価クラッシュの関係性を見る点が共通している。ただし，本章での分析は，株主による情報開示への規律づけの状態を明らかにするという点においてアプローチが異なる[2]。

　Wang et al. (2009) は，大規模クラッシュの影響が個別企業・個別株式の属性に応じて異なることを示した興味深い分析を提供している。その研究では，米国において発生した主要な大規模クラッシュを対象としたイベントスタディを行っている。研究結果を要約すると，ベータが高く，規模が大きく，高い流

動性，高いボラティリティを持つ株価は，大規模クラッシュ時において，顕著な株価の低落傾向を示している。本研究も，通常のスムーズな株価変動ではなく，クラッシュを見るという点ではこれと共通している。ただし，後述するように，本研究に用いられるのは，市場リターン調整後の超過リターンであるから，マーケット共通のショックではなく，個別要因のショックを取り扱っているという点で異なる。

本研究では，東証マザーズ市場の企業をサンプルとして，株価急落現象の要因を情報上の視点から分析する。新興企業は，企業年齢が若く，上場後経過年数が少ないことから，過去の参照すべき情報蓄積が乏しい。さらに，既存の東証一部市場などの主要市場と比較して，投資家の注目度も低いと思われる。たとえば，アナリストによる調査分析も主要市場企業と比較すれば乏しい。日本証券業協会（2009）では，2009年3月時点のマザーズ企業のアナリストカバレッジの割合を194社中30社と報告しており，約15％程度にとどまっている。関連の研究として，Chang et al. (2000) では，証券アナリストの活動を，新興市場を含む国際比較分析を行い，GDP水準が高い国では，アナリストがカバーする数が多く，ディスクロージャーが，アナリスト予想の精度に対して有意な影響を及ぼすことを示している。マザーズ市場では，投資の主体は，機関投資家よりも個人投資家の比率が相対的に高い。たとえば，2007年の東証投資部門別売買状況によると，委託売買での個人の占める比率は，東証一部では23.6％であるが，マザーズでは，76.7％である。情報収集・処理能力に制約のある個人中心の市場では，企業情報の反映も劣る可能性が高い。このような新興市場固有の情報環境を考慮すると，情報開示の在り方の深刻性・重要性は大きい。Jin and Myers (2006) や Morck et al. (2000b) などの海外の先行研究では，先進各国と新興国を比較し，企業固有ボラティリティの観点から，先進国の金融市場における情報効率性が高いことを示唆している。

2.2 所有権構造とコーポレートガバナンス

Jensen and Meckling（1976）以来の典型的なエージェンシー問題の議論は，

株主−経営者間の利害不一致のもとでは，経営陣が独自の私的利益追求のために，株主利益を損なう可能性を指摘している。さらに，大株主によるコーポレートガバナンスの議論では，集中的な株式の所有によって，モニタリングのフリーライド問題が緩和される効果を指摘している（Shleifer and Vishny (1986)）。経営陣の自己利益追求のリスクが存在するもとでは，株主はそれを牽制するために可能な限り株主利益を実現する行動をとるようにモニタリングを行うことが期待される。しかしながら，所有権が分散していると，個々の株主が負担するモニタリングコストは，すべての株主間に希薄化される株価という便益を上回り，適正な水準と比して過小なモニタリングの誘因しか与えられない。他方で，特定の大株主に所有権が集中している場合，モニタリングの便益はその多くが，大株主に帰属する。そのため，大株主の存在は，企業価値や経営陣の行動に対して望ましい効果をもちうる。

　海外の先行研究では，クラッシュ現象の背景にあると予想されるコーポレートガバナンスの影響について，いくつかの実証分析がなされている。An and Zhang (2013) や Callen and Fang (2013) は，長期志向の機関投資家の存在やその株式所有の安定性は，モニタリング機能を通じて，情報開示を円滑にし，その結果，クラッシュ確率が低下することを示している。ガバナンス構造が，企業行動−クラッシュ発生の媒介変数となることを示す研究もある。Kim et al. (2011) は，企業による納税回避傾向のクラッシュ増加効果が，機関投資家からの外部モニタリングによって有意に抑制されることを見出している。Kim et al. (2014) は，企業の社会的責任行動が向上することによるクラッシュ確率低下は，コーポレートガバナンスの改善（強いモニタリング）と代替的な関係にあることを報告している。Callen and Fang (2015) は，非常に興味深い分析を提示している。信仰心の厚い地域所在の企業は，バッド情報隠蔽の誘因が低いため，クラッシュ頻度が低い傾向があり，また，投資家によるモニタリング機能はこれと代替することを示している。

　日本のガバナンス研究分野では，株主−経営者関係という典型的なプリンシ

パル―エージェント関係において，大株主（またはより広い意味でのステイクホルダー）という性格づけから，銀行（特にメインバンク）・企業系列関係の及ぼす影響は，これまで長い間多くの議論や学術的成果が蓄積されている。本章は，大株主によるモニタリング効果を金融機関持株比率，事業会社持株比率，分散所有のデメリットの視点から個人持株比率，および外部投資家による規律づけという視点から外国人株主を取り上げて，以下で理論的な可能性と関連研究を整理する。

金融機関持株比率

　主力取引銀行と顧客企業間のいわゆるメインバンク関係では，他のステイクホルダーに代わって，銀行が主要なモニタリング機能を果たす役割が強調されてきた。最も代表的な研究として，青木（1996）では，メインバンクのモニタリング機能をコーポレートガバナンスの観点から，事前・中間・事後の3つの過程でのモニタリングに分類し，理論的な整理を行っている。初期の実証研究として，Hoshi et al.（1991）では，企業の投資行動に目を向けて，銀行を中心とした系列関係の存在が，投資への資金制約を緩和することを実証的に明らかにしている。金融系列関係が，企業と資金提供主体間の情報非対称性問題を軽減することを示唆している。IPO企業への業績効果の観点から，Kutsuna et al.（2002）は，ジャスダック上場企業について，銀行持ち株比率の変化は，業績に対して有意な影響を与えないことを報告している。

　銀行－企業間での情報生産機能や銀行によるモニタリング機能が，外部投資家にとっても有益な形で発揮されるならば，より強い銀行との緊密な結びつきは，ネガティブな情報でも外部への積極的な公開につながり，結果として，急激な株価変動は避けられる。したがって，この場合，金融機関持株比率と株価クラッシュの間には，負の相関関係が予想される。他方で，銀行のモニタリングが，外部情報公開への規律づけにつながらない，あるいは，蓄積された情報が，銀行－企業間の内部に留まるとする。この場合，外部投資家にとっては，利用可能な情報が制約されることになり，金融機関持株比率と株価クラッシュ

には，正の相関関係が予想される。

事業会社持株比率

　日本企業では，系列関係内における親会社－子会社間での株式保有や取引先の株式保有が一般的な慣行として見受けられる。事業会社（非金融機関）による持株関係に代表される緊密な企業同士の関係は，一方では，メインバンクシステムの議論と類似して，持株相手先の情報を容易に入手しうるという情報非対称性の緩和というメリットがありうる。この場合，経営陣は不利な情報に関しても，経営内部に留めることができずに，積極的に発信する方向へ向かうかもしれない。他方では，株式相互持合いにおいて最も顕著に表れやすいと考えられる相互不干渉の可能性もありうる（エントレンチメント効果）。Ferreira and Laux（2007）では，買収防衛策導入によって企業コントロール市場が低迷し，その結果，投資家の情報収集も低下し，最終的には株価が適切に企業固有情報を反映しないという分析結果を示した。事業会社持株との関連では，その増加は安定株主比率を上昇させ，外部からの経営介入の可能性を低め，その結果として，積極的な情報開示のインセンティブを抑制するかもしれない。この場合，持株関係の強化が，株価の急落発生の確率を高めると予想される。

　以上の金融機関および事業会社による所有権効果について，関連する日本の実証研究をいくつか挙げる。Hiraki et al.（2003）は，所有権構造と企業価値の包括的な実証分析を行っており，金融機関による持株比率は，企業価値と正の相関関係があることを示している[3]。同様に，事業会社からの一方的な所有は，企業価値評価へポジティブな影響をもたらす傾向を示している。Lichtenberg and Pushner（1994）では，金融機関による所有権の増加は，企業の全要素生産性（TFP）を向上させる一方で，企業間の持株の増加は，生産性の低下要因となっている。これは，金融機関によるモニタリング効果を一部サポートする結果である。同様の結果は，米澤・宮崎（1996）においても報告されている。Morck et al.（2000a）では，メインバンクによる株式保有は企業価値に対して不比例的な影響，つまり，価値低減の影響が所有比率上昇に

伴って徐々に小さくなることを示している。

　直接的に，日本企業の情報ディスクロージャーとコーポレートガバナンス構造の関係性を分析したものとして，Douthett et al. (2004) は，系列関係所属によるグループ内のモニタリングが，アナリスト予想精度で測った情報環境を改善することを示している。Douthett and Jung (2001) も同じように，系列関係は，株価の利益反応度を高めることを示している。対照的に，Cooke (1996) は，企業系列の帰属の有無は，会計ディスクロージャーの有意差をもたらさないことを示している。他方で，Covrig and Low (2005) は，系列関係への帰属は，会計情報の価値関連性（value relevance）を低下させることを示している。

個人持株比率

　先に見たように，新興株式市場の特徴に，個人株主の売買シェアが高いことが挙げられる。長期志向の機関投資家が，専門的な情報収集によって長期の株式投資を行うと考えられるのとは対照的に，個人投資家の一部は，比較的短期の売買を行うことが多いと思われる（Barber and Odean (2000)）。また，前述の株主によるモニタリングのフリーライド問題を想定するとき，個人投資家層は典型的な分散所有の主体であるから，彼らは企業経営陣に対しての適時適正な情報開示の規律づけという面では劣ると予想される。したがって，個人持株比率の上昇は，情報開示へのプレッシャーを弱めることを通して，クラッシュの増加につながると予想される。

外国人持株比率

　さまざまな株式所有権グループの中でも，外国人による持株は，他の形態と比較して異質性をもっている。日本のコーポレートガバナンス構造では，銀行－企業間関係におけるメインバンク制度，親会社－子会社あるいは関係会社関係での系列グループの存在が大きく取り上げられることが多い。こうした日本特殊的とされるガバナンス構造での利得構造に対して，外国人株主グループは

一線を画する。なぜなら，外国人株主の場合，企業との間には株式所有関係以外の取引関係をもつ可能性が低く，そのため相対的に株式からの収益のみが利害関係となることから，株主－経営陣の間のエージェンシー問題に対しては，その問題緩和の方向へ強い選好をもつと考えられるからである。Jiang and Kim（2004）では，情報非対称性の代理変数として，利益－株価反応係数ERC（Earning Response Coefficient）を用いることで，外国人持株比率による影響を分析している。その結果は，明瞭に，外国人株式保有の増加が，ERCの増加をもたらすことを明らかにしている。Cheung et al.（1999）においても同様に，ERCと外国人所有権との間に正の相関を見出している。

その他に，松浦（2003）は，純粋な株式投資利益のみを志向する主体として，外国人株主と個人株主を取り上げ，双方の持株比率増加が，企業業績（ROA）を向上させる効果を確認している。花崎（2008）は，所有権構造が労働生産性へ及ぼす効果を分析しており，その結果，海外法人は正の効果，個人株主は負の効果をもつことを明らかにしている。しかしながら，花崎（2008）の指摘にもあるように，高い収益性が投資家を引きつける効果もありうる。

3 データ：株価クラッシュと株式所有権比率

本章で用いるサンプルは，2002年から2006年までの東証マザーズ上場企業423のパネル形式サンプルである。計量分析に用いるデータベースは，株価クラッシュ頻度等の市場株価関連については，日経メディアマーケティング社の提供する日本株式日次データファイルである。日次リターンには，配当等修正後収益率の値を用いる。新興企業独特の事情として，新規上場日以降近辺で株価の高騰現象がありうるため，データベースでの記録開始日時から20取引日（約1カ月）経過後の収益率を用いている。十分な計測期間を確保するために，年間に100日以上の株価データが取れるもののみを用いている。財務情報，所有権構造については，日経ファイナンシャルクエストから得ている。

株価急落（クラッシュ）および急騰（ジャンプ）の計測方法は，Jin and

Myers（2006）を参照して行った。まず，リターンの変動から市場全体の変動を除去するために，日次収益率（配当等修正済み）から市場ポートフォリオ収益率を差し引き，個別企業ごとに超過収益率を計測する。市場ポートフォリオ収益率としては，株式リターンデータベース付属のマーケットリターン（金融業含む）を利用した。こうして計算された超過収益率の変動が，個別企業に関する情報要因で変動する部分と想定している。その意味で，市場全体に対して特定の時期に同時に影響する市場レベルのクラッシュ現象とは識別している。そして，超過収益率を平均値・標準偏差によって標準化して，標準正規分布の仮定の下で，左側裾野0.1％，0.01％を基準として，その領域に含まれるリターンを「極めて稀な事象」として，急落（クラッシュ）とみなす。最後に，1年のカレンダー年を基準として，急落・急騰の回数をカウントする（CRASH (0.1％)，CRASH (0.01％)）[4]。急騰（ジャンプ）に対しては，同様の方法で，分布の右側裾野を用いる（JUMP (0.1％)，JUMP (0.01％)）。情報隠蔽の経営者インセンティブは，グッド情報よりも，バッド情報に対して当てはまるため，急落と急騰の相対的な頻度指標も用いる。これは，急落頻度から急騰頻度を差し引いたものとして定義される（ΔCRASH ＝ CRASH − JUMP）[5]。

　主要な説明変数について説明すると，所有権構造については，金融機関持株比率（FIN），企業持株比率（CORP），外国人持株比率（FRGN），個人持株比率（IND）を日経ファイナンシャルクエストのデータから取り出したものを直接用いる。その他の影響を及ぼしうる要因をコントロールするために Wang et al.（2009），Hutton et al.（2009），Jin and Myers（2006）の先行研究を参考として，以下の説明変数を追加的に使用している。まず，流動性をコントロールする変数として，売買回転率（TURNOVER）を取り上げている。市場において流動性の高い株式は，常に投資家の情報が株価に反映されやすい状況にある。流動性が低い場合，何らかの情報を保有している投資家がいたとしても迅速に売買ができないために，価格への情報反映度が低下する。あるいは，取引コストの代理変数として流動性指標を捉えるなら，そのコストが高いときには，情報に基づいた取引が抑制される。したがって，流動性が低いときには，特定時

点でのそれまでに反映されていなかった企業情報が一挙に反映されることとなり，急激な株価の変動をもたらす可能性がある。この仮説が成立するなら，売買回転率と株価クラッシュ頻度の間には，負の相関関係が予想される。売買高回転率は，各取引日ごとに，出来高を発行済み株式総数で割り，年間の取引日を基準として，その平均値を算出する。したがって，1日当たり平均の売買高回転率となる。Wang et al. (2009) は，米国での大規模クラッシュの個別株式への影響として，株価変動と売買高の比率で算出された非流動性指標（illiquidity）が株価下落率と相関する効果を報告している。本章ではさらに，別の流動性指標として，非値づけ率（ZEROVOL）を用いる。これは，出来高ゼロの日が年間全取引日に占める比率として算出される。一般的に小規模企業や新興企業では，東証一部市場などの流動性の厚い市場と比較して，出来高が小さく，極端なときには出来高がゼロであることも多い。出来高がゼロであることは，売り手（または買い手）が，低い価格での売却（高い価格での購入）を望んでいたとしても，そもそも当該株式の買い手が存在しない状況を意味している。

　その他の諸要因をコントロールするための財務特性変数として，まず，企業規模を表すlnASSETを利用する。この変数は，当該年の総資産期末残高の自然対数変換値である。企業規模の大きなケースでは，情報開示体制の充実，投資家・アナリストの注目度から来る知名度の高さによって，情報は比較的円滑に伝達されると想定される。したがって，株価急落を抑制する効果が予想される。期間中の利益変動によって，株価が大きく変動する効果を捉えるために，PROFIT変数を定義する。これは，当期の純利益を総資産で割った比率である。株価の急落は，情報伝達プロセスや情報開示のあり方だけでなく，そもそも企業のファンダメンタルの大幅な変化によってもたらされる可能性もある。こうした変化による株価変動は，情報効率性の観点からは望ましい。PROFITの減少は，株価クラッシュの確率を高める効果が予想される。株式時価簿価比率の対数値（lnMB）を用いる。分子の株式時価は，年間平均値を使用する。株価の一時的な過大評価は，株価の下落につながりやすいことを考慮している。

負債の大きさが，株価の急落に及ぼす潜在的効果を考慮するために，負債／総資産比率（LEV）を用いる。Wang et al.（2009）は，レバレッジ比率が大規模クラッシュ時の株価下落を増幅する効果を報告している。株式公開後の経過日数として，lnDAYS 変数を加える。この変数は，過去のすでに公開された情報の蓄積を捉えている。これが高い場合，情報の株価への反映度はスムーズになると予想される。最後に，各年の固有状況を捉えるために，年次ダミー変数を使用する。

4 新興企業の株価クラッシュへの分析結果

4.1 データの全般的な特徴

本章で対象とするマザーズ上場企業では，市場開設が1999年であるため，各年によってサンプルに含まれる企業にはばらつきがある。2002年は27社のみであり，その後着実に増加し，2006年には162社に至っている。東証33業種分類を用いた産業分布は，いわゆる「サービス業」に分類される企業が比較的多く135件，全体の31.9％を占めている。同様に「情報・通信」分類の比率は134件，31.6％であり，マザーズ市場に情報通信系のいわゆるIT関連企業が多数含まれている。

表4-1は，全サンプルの基本統計量を示している。サンプル企業の規模として，総資産額 ASSET を見ると，平均値9,490（百万円），中央値4,206（百万円）となっており，平均値と中央値の2倍程度の差異から，分布には一定の歪みがある。つまり，比較的規模の大きな企業が分布の長い裾として含まれている。後述の回帰分析では，これを調整するために対数変換を行う。他の財務的な変数として，負債比率 LEV は，ほとんど債務を負っていないものから9割に達するものまである。平均的には35％程度になっている。株式時価簿価比率（MB）は，幅広い分布を示しているとともに，平均値は7倍程度（中央値は5倍程度）であるから，全体として過大評価の程度は大きい。上場後経過日数

表4-1　基本統計量

	サンプル数	平均値	標準偏差	最小値	第1四分位	中央値	第3四分位	最大値
ASSET	423	9,490	17,974	601	2,420	4,206	8,954	183,105
LEV	423	0.3501	0.2371	0.0003	0.1568	0.2913	0.5427	0.9817
MB	423	7.2705	9.7163	0.2738	2.7407	4.8651	8.5606	124.6713
DAYS	423	399.8	375.5	21	71	296	561	1,483
PROFIT	423	−0.0040	0.1539	−0.9731	−0.0283	0.0304	0.0691	0.3017
TURNOVER	423	0.0121	0.0134	0.0002	0.0034	0.0081	0.0160	0.1028
ZEROVOL	423	0.0119	0.0389	0.0000	0.0000	0.0000	0.0042	0.3266
FIN	423	0.0521	0.0527	0.0001	0.0145	0.0362	0.0734	0.3399
CORP	423	0.2433	0.2217	0.0010	0.0725	0.1635	0.3625	0.9037
FRGN	423	0.0654	0.1156	0.0000	0.0084	0.0237	0.0683	0.7074
IND	423	0.6261	0.2380	0.0645	0.4517	0.6872	0.8192	0.9878

(注) ASSET：総資産（百万円），LEV：負債／総資産，MB：株式時価総額／資本合計，DAYS：株式公開後経過日数，PROFIT：当期純利益／総資産，TURNOVER：出来高／発行済み株式総数の年間平均値，ZEROVOL：出来高ゼロの日数／年間取引日数，FIN：金融機関持株比率，CORP：事業会社持株比率，FRGN：外国人持株比率，IND：個人持株比率。

DAYSは，本章でのサンプル企業は，マザーズ上場企業であることを反映して，最小値の21日から最大6年程度までに分布している。平均値から概数で1.5年程度経過しているものが一般的である（中央値では，1年程度）。利益率PROFITは，平均値が−0.4％と赤字であるが，中央値では3％の黒字である。

　流動性指標について見ると，売買回転率TURNOVERは平均値0.0121（中央値=0.0081）である。1取引日平均では，発行済み株式総数の1％程度の売買高が成立している。非値づけ率で見た流動性指標ZEROVOLでは，平均値0.0119（中央値=ゼロ）である。したがって，平均的企業では，年間に3取引日程度で売買が成立してないことになる。ただし，中央値で見た場合には，非値づけ率はゼロであるから，この面からの代表的企業では，ほぼ毎取引日に売買が成立していることになる。

　所有権構造については，金融機関持株比率FINは，5％程度であり，全体の水準は特に高いという印象は受けない。最大値も33％にとどまっている。事業会社持株比率は，平均で24％であり，金融機関と比較すると高い水準である。最大値を見ると，90％に達する企業もあり，系列関係内の企業による持株比率

表4-2 株価の急落(クラッシュ)・急騰(ジャンプ)の状況

	サンプル数	平均値	標準偏差	最小値	第1四分位	中央値	第3四分位	最大値
CRASH (0.1%)	423	0.726	0.843	0	0	1	1	5
CRASH (0.01%)	423	0.267	0.526	0	0	0	0	2
JUMP (0.1%)	423	2.830	1.641	0	2	3	4	8
JUMP (0.01%)	423	1.123	1.101	0	0	1	2	5
ΔCRASH (0.1%)	423	−2.104	1.853	−8	−3	−2	−1	4
ΔCRASH (0.01%)	423	−0.856	1.152	−5	−2	−1	0	2
CRASHd (0.1%)	423	0.530	0.500	0	0	1	1	1
CRASHd (0.01%)	423	0.227	0.419	0	0	0	0	1

(注) CRASH (X%) X%を基準とした株価急落の年間頻度,JUMP (X%) X%を基準とした株価急騰の年間頻度,ΔCRASH (X%) 相対急落頻度 CRASH (X%) − JUMP (X%),CRASHd (X%) CRASH (X%) > 0であるとき1,そうでないときには0をとる二値変数。

の高さがうかがえる。外国人持株比率は平均値では,6％程度であり,全体として必ずしも高い水準ではない。しかし,最大値では70％を超える企業も存在しており,ばらつきは幅広い。個人持ち株比率は,最小で約6％水準から,98％を超えるものまで広範な分布をしており,平均値は62％前後のシェアである。マザーズ市場では,機関投資家ではなく,個人が売買主体の企業が存在することを示している。

表4-2は,株価の急落・急騰のサンプル上の全般的状況を表している。まず,0.1％基準の場合では,急落回数は,平均的に年間0.7回程度である(平均値=0.726,中央値=1)。さらに低い水準の0.01％とすると,平均的に0.3回程度となる(平均値=0.267,中央値=0)。したがって,基準を相対的に低い水準に設定すると,平均的な企業では,株価の急落は発生しない。別の表現をすれば,せいぜい4年間に1回程度の頻度で急落が発生している。

次に,株価の急騰頻度について見ると,0.1％水準では,年間で平均3回程度(平均値=2.830,中央値=3),0.01％水準では,年間1回程度(平均値=1.123,中央値=1)となっている。急落頻度との単純な比較で見ると,相対的には,急騰頻度(ジャンプ)は,発生する回数は高い。このことは当然のことながら,相対急落頻度ΔCRASHに表れる。0.1％水準では,急落頻度は急騰

表4-3 相関係数―相対急落頻度と所有権比率―

	ΔCRASH (0.1%)	ΔCRASH (0.01%)	FIN	CORP	FRGN	IND
ΔCRASH (0.1%)	1.00					
ΔCRASH (0.01%)	0.57	1.00				
FIN	0.16	0.11	1.00			
CORP	−0.06	−0.03	−0.12	1.00		
FRGN	0.07	0.07	0.14	−0.13	1.00	
IND	−0.01	−0.03	−0.18	−0.83	−0.39	1.00

頻度よりも2回程度少なくなっており（平均値＝−2.104），さらに0.01％水準では1回程度の差となっている（平均値＝−0.856）。基準ごとの急騰・急落時の日次リターンについては，表には記載していないが，基準を0.1％，0.01％として，平均急落リターンは，それぞれ−14％，−15％となる。

　表4-3は，相対急落頻度および所有権比率との相関係数行列である。相対急落頻度間には自然な結果として，相互に正の相関関係がある。ΔCRASH（0.1％）とΔCRASH（0.01％）の相関係数は，およそ0.5程度である。金融機関持株比率FINと相対急落頻度では，0.1前後の相関パターンが見られる。銀行等による所有権の増加は，株価の急激な下落をもたらす傾向を示している。事業会社持株比率CORPについては，−0.06から−0.03程度の範囲で弱い負の相関関係がある。外国人持株比率FRGNは，正の相関係数を示しているが，その規模は小さい。個人持株比率INDについては，相対急落頻度との間に，弱い負の相関関係が見受けられる。所有権変数間の相関に関して，CORPとINDの負の相関係数が極めて高く（−0.83），回帰分析に当たっては多重共線性問題を考慮して，2つの変数を代替的に用いる。

4.2　回帰分析結果

　回帰分析では，クラッシュ発生確率を推定するために，まず，株価クラッシュが少なくとも1回以上発生した場合に1を，発生なしの場合にゼロをとる二値変数を作成する（CRASHd（0.1％），CRASHd（0.01％））。これを従属変

数として，所有権比率，流動性指標，財務変数およびその他のコントロール変数を独立変数としたロジットモデルの回帰分析を行う。この二値変数の基本統計量（**表 4 - 1**）を見ると，0.1％水準では，平均値0.53となっており，約半数のサンプルが，年間に最低 1 回の株価急落を経験し，残りのケースでは急落が年間に一度も発生していない。0.01％にまで基準を低くすると，さらにその半数，つまり，4 分の 1 のサンプルにおいてのみ株価急落を経験していることになる。

　表 4 - 4 の推定結果を見ると，金融機関持株比率 FIN の推定係数は，正値であり統計的にも有意である。これは相関係数行列で見られた関係と一致している。限界効果で見ると，金融機関持株比率の 1 ポイントの上昇は，約 1 ％から1.4％の急落発生確率の上昇をもたらす。このことは，銀行等の金融機関が，株式所有面から大きな影響力をもつときには，企業情報はスムーズに株価に反映されず，急激な株価下落が発生しやすいことを示している。先行研究においてしばしば指摘されてきた銀行（特にメインバンク）－企業間関係における情報生産機能は，外部投資家にとっては，情報効率性の観点からは不利益な形で作用しているようである。つまり，両者の継続的・安定的関係から生み出される情報は，その関係内部においてのみ利用可能な形であり，外部投資家への情報発信が，銀行によるモニタリングによって促進される効果は観察されない。

　外国人持株比率 FRGN の推定係数は，すべて負値を示している。数量的規模でみると，平均値を基準とした限界効果は，1 ポイントの FRGN 上昇に対応して，0.1％から0.2％程度のクラッシュ発生確率を低減させている。効果の規模も小さく，また，統計的に有意な水準ではない[6]。事業会社持株比率 CORP については，正値を示しているが，どのケースでも統計的には有意な結果ではない。個人持株比率 IND について，すべて負値を示しているが，効果の規模も小さく，これらは統計的に有意な結果ではない。

　流動性の効果については，売買回転率 TURNOVER は，負の推定係数を示しており，統計的にも有意な結果である。流動性の増加が，クラッシュ発生確率を減少させる。つまり，高い流動性が保持されている株式では，情報が比較

表4-4 クラッシュ発生確率に関するロジットモデル結果

	(1)		(2)		(3)		(4)	
	CRASHd (0.1%)		CRASHd (0.01%)		CRASHd (0.1%)		CRASHd (0.01%)	
	係数	限界効果	係数	限界効果	係数	限界効果	係数	限界効果
FIN	5.8194**	1.4493	7.1987***	1.0361	5.4458**	1.3562	7.1723***	1.0323
	[2.485]		[2.863]		[2.354]		[2.892]	
CORP	0.3587	0.0893	0.0193	0.0028				
	[0.722]		[0.033]					
FRGN	−0.4112	−0.1024	−1.6399	−0.236	−0.7916	−0.1971	−1.673	−0.2408
	[−0.408]		[−1.028]		[−0.762]		[−1.037]	
IND					−0.3916	−0.0975	−0.0426	−0.0061
					[−0.785]		[−0.072]	
TURNOVER	−17.4234**	−4.3391	−45.2578***	−6.5138	−17.4701**	−4.3507	−45.1767***	−6.502
	[−1.990]		[−3.033]		[−2.004]		[−3.039]	
ZEROVOL	−4.8034	−1.1962	−3.1345	−0.4511	−4.7947	−1.1941	−3.1397	−0.4519
	[−1.453]		[−0.736]		[−1.451]		[−0.737]	
lnASSET	−0.1159	−0.0289	−0.2046	−0.0295	−0.1169	−0.0291	−0.2057	−0.0296
	[−0.947]		[−1.315]		[−0.956]		[−1.324]	
LEV	0.0124	0.0031	0.3879	0.0558	0.011	0.0027	0.3878	0.0558
	[0.026]		[0.668]		[0.023]		[0.668]	
lnMB	−0.5052***	−0.1258	−0.4985**	−0.0717	−0.5055***	−0.1259	−0.4994**	−0.0719
	[−3.435]		[−2.565]		[−3.441]		[−2.572]	
PROFIT	−0.6361	−0.1584	1.2108	0.1743	−0.6369	−0.1586	1.208	0.1739
	[−0.866]		[1.086]		[−0.867]		[1.084]	
lnDAYS	0.0043	0.0011	0.0609	0.0088	0.0041	0.001	0.0606	0.0087
	[0.050]		[0.540]		[0.048]		[0.538]	
定数項	1.3289		0.9443		1.7174		0.9907	
	[1.130]		[0.624]		[1.318]		[0.595]	
χ^2	48.0009***		58.0641***		48.0963***		58.0682***	
対数尤度	−268.462		−197.512		−268.414		−197.51	
N	423		423		423		423	

(注) 限界効果は各変数の平均値で算出。括弧内は t 値。***, **, * 1％, 5％, 10％水準でそれぞれ統計的に有意。年次ダミーの結果は省略。

的スムーズに株価に反映され,急激な株価変動が回避されている。他方で,非値づけ率 ZEROVOL から見た流動性については,すべて負値の推定係数を示しているが,統計的に有意な結果は得られていない。1つの可能性としては,マザーズという新興企業向け市場であっても,値づけの観点からは全体として十分な売買が成立しており,大きな影響を株価変動に及ぼしていないのかもしれない。

その他の変数についてみると，株式時価簿価比率（lnMB）は，負値を示しており，事前に予想した符号とは照合しない。過大評価されている株式の価格調整は，短期間に急激ではなく，緩やかに進行すると考えられる。上場後の経過日数（lnDAYS）は，クラッシュ確率に対して，正値の推定係数であり，事前の予想とは異なるが，統計的に有意ではない。企業規模（lnASSET），レバレッジ（LEV），利益率（PROFIT）も統計的に有意な影響をもっていない。

表4-5は，相対急落頻度を被説明変数とした回帰分析の結果を示している。推定方法は通常の最小二乗法である。急落頻度から急騰頻度を差し引いた数値が被説明変数となることから，文字通り急騰頻度との相対的な比較の上での指標である（ΔCRASH（0.1％），ΔCRASH（0.01％））。企業は，情報の中でも特に，業績に対してネガティブな意味合いをもつ情報を外部発信することを抑制する誘因がある，という考え方に立って，このような相対化を行っている。所有権構造の効果について述べると，金融機関持株比率FINは，すべてのモデルにおいて明瞭なパターンを示している。つまり，正値の推定係数を示しており，統計的に有意である。これは，先のロジットモデルでの分析結果と同様であり，金融機関のモニタリング機能が，スムーズな株価形成を促進するという議論は確認できない。むしろ，銀行-企業関係において，情報生産機能があるとしても，外部への情報ディスクロージャーを抑制するという考え方と整合的である。事業会社持株比率CORPは，統計的に有意な結果とはなっていない。外国人持株比率FRGNの推定係数にも，いずれのモデルにおいても統計的に有意な結果を得ていない。個人投資家INDもまた有意な結果ではなく，確定的な結論は得られていない。

その他のコントロール変数についてみると，売買高回転率TURNOVERでみた流動性の増加は，相対急落頻度を促進している。これはロジットモデルでの結果とは異なる。流動性向上は，急騰を抑制する効果が表れているのかもしれない。財務特性の影響については，資産規模lnASSETの係数は正値を示し，いくつかのモデルで有意な結果であり，相対急落頻度を増加させる。マザーズ市場での規模比較では，相対的に小規模企業の方が望ましい株価形成がなされ

表4-5 相対急落頻度の回帰分析結果

	(1) △CRASH (0.1%)	(2) △CRASH (0.01%)	(3) △CRASH (0.1%)	(4) △CRASH (0.01%)
FIN	5.0329***	2.7111**	5.2533***	2.6433**
	[2.822]	[2.401]	[2.973]	[2.363]
CORP	−0.2293	0.065		
	[−0.563]	[0.252]		
FRGN	0.4121	0.3893	0.6153	0.3217
	[0.510]	[0.761]	[0.736]	[0.608]
IND			0.1875	−0.0688
			[0.458]	[−0.265]
TURNOVER	7.6455	11.7676***	7.8583	11.7536***
	[1.091]	[2.652]	[1.126]	[2.660]
ZEROVOL	2.4152	−0.6761	2.3936	−0.6754
	[0.951]	[−0.420]	[0.943]	[−0.420]
lnASSET	0.1762*	0.0339	0.1742*	0.0338
	[1.755]	[0.533]	[1.736]	[0.532]
LEV	0.0861	−0.0853	0.0851	−0.0855
	[0.223]	[−0.348]	[0.220]	[−0.349]
lnMB	0.0164	0.1611**	0.0142	0.1611**
	[0.143]	[2.227]	[0.124]	[2.229]
PROFIT	−0.4919	−0.3407	−0.4947	−0.3409
	[−0.812]	[−0.888]	[−0.817]	[−0.889]
lnDAYS	−0.1389*	−0.0801*	−0.1395*	−0.0801*
	[−1.936]	[−1.763]	[−1.944]	[−1.764]
定数項	−2.7916***	−0.8901	−2.9690***	−0.8222
	[−2.915]	[−1.468]	[−2.795]	[−1.222]
adj.R^2	0.1175	0.0845	0.1172	0.0845
F値	5.0126***	3.7817***	5.0037***	3.7823***
N	423	423	423	423

(注) 推定方法はOLS。括弧内はt値。***, **, * 1％, 5％, 10％水準でそれぞれ統計的に有意。年次ダミーの結果は省略。

ている可能性を示唆している。株式時価簿価比率 lnMB の推定符号はプラスであるから、過大評価は急激な下落によって調整されている。企業年齢 lnDAYS の推定係数は、負値で統計的にも有意であり、ロジット分析の結果とは異なる。過去の情報蓄積が、株価のスムーズな形成に資するという考え方は、急落発生確率よりむしろ、相対急落頻度について特に整合性が高い結果である。

5 まとめ：日本的ガバナンスによる株価急落効果

　本章では，個別株式レベルでの株価の急落現象（クラッシュ）を，情報の価格への反映度という視点から，その要因分析を行った。分析の基本的考え方では，情報開示のあり方や情報伝達プロセスが十分に整備されていれば，業績上のネガティブな情報も逐次的にスムーズに株価に反映され，異常に大きな株価急落は避けられる。しかし，情報開示体制が遅れていると，特定時点で一気に情報が伝達され，大きな株価変動をもたらすリスクがある。経営陣に対して，スムーズな株価変動をもたらすような情報開示を規律づける主体として，既存株主の所有権構造がどのような影響をもっているかを実証的に検討した。特に，企業の成長段階の観点から，株価変動および情報開示問題の深刻性が大きいと思われる新興市場を対象とした。研究のアプローチとして，東証マザーズ企業の2002年から2006年までの5年間をサンプルとして，Jin and Myers（2006）の手法に依拠し，株価の急激な変動を数量的に捉えるために，株式日次リターンの年間分布の中で極端な左裾部分に陥る頻度を計測した。その結果，0.1%・0.01%基準では，平均すると年間に0.2回～0.7回程度の株価急落が見られた。所有権構造の影響では，特に，金融機関持株比率の高い企業では，株価クラッシュ確率が高くなることが示された。これまでの日本のコーポレートガバナンス研究では，銀行やメインバンクによる長期安定的関係からの情報生産機能が強調されているが，そうした緊密な取引関係は，株価へのスムーズな情報反映という意味では，必ずしも望ましい方向では働かないことを示唆している。企業情報は，企業－銀行の内部に留まり，外部投資家にとっては利用することが困難な状況を促進するのかもしれない。外国人株主については，推定係数つまり効果の方向性については，一部の結果において，株価急落を抑制する効果が見られるが，統計的に有意な結果ではないため確定的な結論は得られていない。事業会社株主・個人株主についても，統計的な有意性が弱いため，結論を得るためには今後の詳細な検討が必要である。

今後の発展すべき課題としては，1つにはより幅広いサンプルをとった比較分析がありうる。今回の分析では，代表的な新興市場として東証マザーズを取り上げているが，他の新興市場を統合した分析によって，一層信頼性の高い結果が得られるかもしれない。さらに，東証一部，二部上場企業との比較分析ができあれば，新興企業独自の効果について，明確な差異や共通点の検証を行うことができる。また，本章では，株価の急落と所有権構造の関連性に焦点を当てた分析を行ったが，その系統的な相関関係の解釈として用いた情報開示・情報伝達プロセスについて，より直接的なアプローチも今後の展開としてありうる。開設から間もない新興市場をサンプル企業とする場合，包括的・安定的な情報開示に関する変数を実証分析レベルで整備することは困難が伴う。より充実したデータベースを利用することを今後の研究発展の方向としたい。

●注
1　後述する Wang et al. (2009) は，個別株式レベルでの分析であるが，その趣旨は大規模クラッシュの影響にあるため，第3の定義も当てはまる。
2　先行研究におけるその他の理論的可能性には，ボラティリティフィードバック仮説が，突然の株価急落現象に対する1つの仮説として提示されている（Campbell and Hentschel (1992) など）。また，Hong and Stein (2003) のモデルでは，異なる収益予想をもつ投資家タイプを想定し，空売りの制約のもとでは，急激な株価の下落が発生することを示している。
3　ただし，Hiraki et al. (2003) は，対照的に，銀行－企業間の相互持ち合いは，企業価値に対してネガティブな効果を及ぼすことを示している。
4　値幅制限に抵触する「ストップ安」「ストップ高」を急落・急騰の基準として用いることも興味深い計測方法であるが，残念ながら今回用いるデータベースでは適切にそれらを検出することが困難であるため，今後の課題としたい。
5　この相対急落頻度変数は，Jin and Myers (2006) で使われている歪度 (skewness) に近い性質をもつ。
6　クラッシュ定義の基準を分布左裾1％に緩めた場合，FRGN の効果は有意となる。しかし，1％では，発生確率が高くなりすぎ，通常のリターン変動と識別が曖昧になるため，表には掲載していない。

第5章

無形情報による株式リターンと
企業情報環境・情報開示行動

1 株価と無形情報・有形情報

　株式市場で形成されるリターンの大きさは，反映される情報量によって決まるという前提の下で，Daniel and Titman（2006）（以下，DTと略記）では，リターンを有形情報（tangible information）と無形情報（intangible information）の2つの情報源へと分解するアプローチを採用している。ここでいう有形情報とは，すでに公開されている過去の会計情報によってリターンが変動する部分を指す。無形情報とは，定義上は，その他残余部分を指すため，業績やバランスシート情報に代表されるような，公開された有形情報とは無関係なものを包括的に捉えている[1]。この研究の主な目的は，DTにおいて展開されたリターンの分解方法を応用し，リターンに反映される情報のタイプとその決定要因について分析することである。

　もともと，DTでは，この有形・無形情報への分解は，最も代表的な株式市場でのアノマリーであるリターン・リバーサル現象および時価簿価比率効果を解明するためのアプローチとして提案されている。数多くの実証研究が示すところでは，過去の株式リターンが高い銘柄（winner portfolio）と低い銘柄（loser portfolio）を比較する場合，その後の長期的な株価の動きは，後者が前者を上回るリバーサル現象が見られる。あるいは，類似の現象として，株式の簿価・時価比率（book-to-market: BM）での比較を行うと，BMが高い（時価が低い）株式ポートフォリオは，BMが低い（時価が高い）株式ポートフォリ

オのパフォーマンスを上回る（DeBondt and Thaler (1985), Lakonishok *et al.* (1994))。これらのアノマリーへの有力な説明の1つが投資家の情報に対する過剰反応である。現在の株価の過剰反応が調整される過程で，超過収益を得る機会が発生し，典型的な株式市場のアノマリー現象となりうる。そこで，DTでは，リターンが基本的には情報の反映を示すという前提のもとで，将来リターンが，過去リターンのうち，有形情報に起因する部分と無形情報に起因する部分のどちらに大きく依存するかを検証した。その結果，無形情報への反応がリターン・リバーサルの主な要因であることを発見している[2]。

　本章では，DTでの最終目的であるリターン・リバーサルの解明ではなく，そもそも無形情報リターンがどのような要因によって変動するかという問題についての実証研究を行う。将来の株価予想可能性は，今後展開する余地のあるテーマであるが，その前段階の基礎的な研究として，有形・無形情報リターンの性質そのものへの理解を深めることが，本章の期待される成果である。これは，本書ですでに分析した企業固有ボラティリティ，株価クラッシュと並んで，株価の情報反映度（informativeness）に関する実証分析となる。有形情報と比較して，無形情報がミスプライシングを引き起こしているとすれば，無形情報リターンの分析は，投資家の過剰反応・過小反応要因の解明につながる。ここでは，企業の情報環境と情報開示行動の2つの側面から，いくつかの変数を使って，無形情報リターン変動の差異を説明する。情報環境変数とは，主に，企業自身の裁量的行動によっては，少なくとも短期的には変更できない性質のものを指す。具体的には，企業規模・利益業績のボラティリティ・企業年齢の3つを用いる。これら変数の量的な低下が（利益ボラティリティでは上昇），企業により開示される有形情報の不確実性を増加させると想定している。そしてその結果，有形情報に代替して，無形情報の利用価値が高まり，無形情報リターンが増加する可能性を検証する。情報開示行動は，経営者利益予想誤差・監査意見回数・会計方針変更・株主総会集中度・ウェブ上の情報開示を日経CGESデータベースから用いる。これらの変数は，企業が投資家に公表する公開情報（public information）の信頼性および量的側面などの特性を表す。有

形・無形情報リターンへ影響を与えるこれら変数の中から，どれが実際に効果をもつかを計量的に評価することを通して，リターンに反映されている情報の性質について明らかにする。特に，無形情報リターンがもつ定義上の無形的な性質（外部からの観察が難しい性質）および会計情報では説明できない残差部分という比較的単純な推計方法のため，このリターンの具体的な特徴は不明確な部分が多い。この点について，本研究のアプローチは，無形情報リターンの性質の明確化という貢献をなしえる。同時に，特に情報開示行動からの効果検証を通じて，無形情報の投資家への伝達という面で，望ましい企業ディスクロージャー政策のあり方を議論する際の，基礎的な評価材料を提供する。

最初に，本章で明らかにされた無形情報リターンの性格についての基本的な結果をまとめておく。第1に，外生的な情報環境からの影響については，利益の変動性が高まること，および，上場来の経過年数（企業年齢）が浅いことは，ともに，無形情報リターンを増加させる方向に働く。利益情報は最も重要な有形情報であるから，その不確実性の拡大は，直接に，代替的な無形情報への投資家の需要を拡大させている。企業年齢の効果から，公開情報の蓄積不足が，有形情報の有用性も低下させ，結果的に無形情報の必要性を高める効果をもつ。第2に，企業の情報開示行動に関して，公開情報の開示姿勢を示す各変数の効果は，必ずしもすべての変数にわたって一貫するわけではない。経営者利益予想の精度低下，有価証券報告書への監査意見付与は，両者ともに同方向に，無形情報リターンを高める傾向がある。つまり，公開情報のディスクロージャーの信頼性が低い企業に対しては，有形情報ではなく，代替的に，投資家の無形情報への依存が高まる傾向を示している。これらとは対照的に，長期リターンに限ってではあるが，株主総会集中度が低いケースでは，無形情報リターンは増加する。つまり，総会を通じた既存株主への情報提供姿勢が積極的な企業において，会計情報以外の無形情報の利用価値が高まっている。

これ以降の構成では，次の第2節で，DTでのリターンの分解方法の説明および本章での分析アプローチの詳細を説明する。第3節では，利用する情報関

連変数について主な先行研究を簡単にレビューする。第4節では、実際に用いるデータの説明、第5節では分析結果を提示する。最後に第6節では、結論と今後の展望を述べる。

2 　無形情報リターンの計測方法

　本章が参考とするDTのアプローチをここで簡単に説明する。株式価値の簿価時価効果（BM効果）は，その比率が低い（簿価に比べて時価が高い）とき，株価，つまり株式時価は将来下落傾向を示す。このパターンに対して，情報に対する投資家の一時的な過剰反応とそのファンダメンタル価値への調整過程を反映していると解釈できる。DTは，簿価時価比率を低める株価上昇は，会計情報からの業績改善だけでなく，将来の成長機会拡大などの無形情報によっても増加する点を重視する。これを識別するために，株式時価の変化を，有形情報と無形情報に起因する部分に分解する。そして，DTの結論では，簿価時価効果に表れている投資家の過剰反応は，有形情報ではなく，無形情報によって引き起こされている。無形情報リターン推計は，以上の議論を前提としており，そのため，以下の線形の定式化をベースラインとする。

$$\log(MV_{it}/MV_{it-T}) = \alpha + \beta_1 \log(BV_{it-T}/MV_{it-T}) + \beta_2 (\log BV_{it} - \log BV_{it-T}) + u_{it}$$

　つまり現在時点をtとして，過去T期間遡った時点t−Tからの，株式時価総額MVの変化率（リターン）は，t−T時点での簿価時価比率ストック情報BV/MVと株式簿価BVの変化率によって説明される。この2つの独立変数によって説明する部分が，有形情報リターンであり，残差uが無形情報リターンである。

　いくつかの実証研究が，リターン・リバーサル効果の分析拡張のために，DTのアプローチを応用している。Resutek (2010) は，DTの枠組みを，会計発生高（accrual）への過剰反応効果の分析に応用している。これはアクルアル・アノマリーと呼ばれており，現在の高い会計発生高は，将来の低い期待

リターンと関連している（Sloan（1996））。このアノマリーは，会計利益を構成するキャッシュフローと会計発生高を十分に投資家が区別できていないことに起因することが 1 つの有力な説明である。Resutek（2010）の実証結果では，将来リターンの予想モデルに対して，会計発生高と無形情報リターンを導入すると，後者のみが統計的に有意であり，アクルアルの説明力は失われる。これによって，従来のアクルアル・アノマリーが，無形情報リターンへの反応という基礎的な要因によって説明される。Jiang（2010）は，リターン・リバーサルを引き起こす主な投資主体は誰かという問題に対して，DT の無形情報リターン分解のアプローチを採用している。その分析結果では，機関投資家（institutional investors）が，無形情報リターンに対して大きな過剰反応を示し，それが最終的なリターン・リバーサルに結びつくことを明らかにしている。

　本研究でも，DT の分解アプローチを，日本の株式市場・企業データのサンプルを用いて応用する。本章では，リターン・リバーサルつまり将来リターンの予想可能性という問題への適用ではなく，より基礎的なテーマとして，現在時点の無形情報リターンがどのような要因によって規定されているかという問題の解明に取り組む。DT での当初の問題意識，それに引き続く Resutek（2010），Jiang（2010）での応用分析の動機は，もちろん重要であるが，この分解アプローチの今後のさまざまな研究テーマへの展開可能性を考えて，異なる視点からの分析を行う。特に本章では，無形情報リターンを株価情報反映度として採用し，それらが企業情報開示姿勢とどのように関連しているかを明らかにしていく。

　DT およびいくつかの無形情報リターンに関する直接的な先行研究とは別に，主に会計学の分野において，利益情報に対する株価変化という文脈での実証研究は確立されている。代表的なアプローチとして，利益反応係数（earnings response coefficient: ERC）の推計やその要因分析がある（Collins and Kothari（1989）など）。そこでは，回帰分析によって，期間の利益変化に対する株価の感応度を，推定係数でもって計測し，さらにその係数がディスクロージャーに関する特性によってどのように変動するかを分析する。したがって，推計方法

そのものは，DTの無形情報リターンのアプローチに近い。しかしながら，伝統的に会計学分野で研究が発展してきた経緯から，有形情報の範疇となる利益やキャッシュフローの影響を見ることが主な関心となっている。対して，DTでは，むしろそれらでは説明できない残差に注目し，無形情報リターンの影響解明が研究動機となっている。本章では，分析枠組みの類似性から，ERCに関わる先行研究も参考材料とした実証分析を行う。

3 企業の情報環境と情報開示

本研究では，企業情報の特性を示す指標として，大別して2つのカテゴリーを考える。第1のカテゴリーは，少なくとも短期的には経営政策によっては左右できない外生的な情報環境要因である。第2のカテゴリーは，企業行動によってコントロールできる範囲の情報開示要因である。

3.1 外性的な情報環境要因

企業規模（ASSET）

本章では総資産を企業規模変数として用いる（単位：百万円）。規模の大きな企業は，充実した情報開示体制を整備することが可能である。大規模企業では，代替的な情報発信方法の多様性や中間的な情報提供の充実度が高いと予想される。そのため，投資家にとっては公開情報が相対的に豊富に利用可能な環境となり，有形情報の活用増加あるいは無形情報への依存低下が予想される。他方で，規模の増加に伴って，有形情報だけでなく，同時に無形情報量も拡大する可能性があり，その場合は，無形情報リターンを増加する効果が予想される。株価の利益への反応が，企業規模からどのような影響を受けるかという研究はすでに数多くなされている。初期のものを挙げると，Atiase (1985) は，相対的に規模の大きな企業では，利益公表時の株価反応が小さいことを示している。Freeman (1987) も類似の効果を報告している。

利益業績のボラティリティ（EVOLA）

　過去5年間の当期利益/総資産比率の標準偏差を用いる。直接的に，企業業績のボラティリティは，不確実性を示す指標となる。利益の不確実性が高い場合，企業の将来キャッシュフローを予想するための指標として会計上の利益は，その利用価値が低下し，結果的に，無形情報への利用価値が高まると予想できる。Dichev and Tang（2009）の研究は，利益ボラティリティが高まると，利益の持続性（予想可能性）が低下することを示している。

企業年齢（AGE）

　上場後経過年数の長い企業に対しては，情報ストックの意味で，投資家にとって利用可能な過去からの情報蓄積が豊富にあり，これは企業情報不確実性の減少に寄与する。本章では，アクセス可能な創業年のデータがないこと，および，サンプルはすべて東証一部上場の企業であるため，取引所上場を年齢のスタートとしている。上場後の年数という意味で，企業年齢の増加は，直接的には公開情報の蓄積と関連していると予想されるが，無形情報も同時に蓄積されていくため，無形情報リターンへの効果は実証的に決定されるべき問題である。Zhang（2006）は，リターンのモメンタム現象が，企業年齢で表された不確実性に起因することを示している。

3.2　情報開示行動に関する変数

　ここでは情報開示に関する変数について解説する。基本的には，日経NEEDS‒CGESの「情報開示」カテゴリーに含まれる項目を利用している。各項目の利用の根拠については，CGESの公式説明書による説明およびAman and Nguyen（2008）を参照しつつ，説明を加えている[3]。すべての変数は，狭い範囲では利益情報，より幅広い意味では決算情報などの会計上の公開情報の性質を示している。したがって，これら変数で捉えられる公開情報の量的・質的向上は，直接的には有形情報の利用価値や利用可能性を高める。他方で間接的に，有形情報の利用価値が乏しい場合，代替的に無形情報の利用価値が高

まる可能性がある[4]。

経営者利益予想誤差（MISFRC）

　過去直近決算期における当期利益実績値と予想値の乖離である。ただし，売上高で標準化し，絶対値をとっている（％表示）。企業が開示する情報は決算情報やその他新株発行などの多岐にわたる決定事項や発生事項がある。その中で，経営者予想誤差は開示情報の信頼性・正確性を示す代表的な変数となりうる。日本企業の多くは，定期的な決算業績発表に際して，同時に来期への業績予想値を公表することが一般的である（Kato et al. (2009)）。また，太田（2005）では，経営者予想・アナリスト予想・会社四季報予想の3つを比較し，経営者予想が四季報予想と同程度に最もその精度が高いことを示している。これら先行研究によって，経営者業績予想を開示情報の信頼性指標として分析上活用することの妥当性は支持される。

監査意見（AOP 3）

　過去3年間の監査意見が付与された回数である。上場企業の公表する決算情報に対して監査意見がつくことは，その信頼性に対する疑義を生じさせ，無形情報への需要を高める可能性がある。Choi and Jeter (1992) によると，監査意見の付与が利益情報の不確実性を高めることで，利益反応係数は低下する傾向をもつ。Bartov et al. (2000) は，利益操作の指標として広く利用されている裁量的発生高（discretional accrual）に対して，実際の監査意見付与が統計上有意な相関をもつことを実証している。

会計方針の変更（APCHG 3）

　過去3年間での会計方針の変更回数と定義される。頻繁な会計方針の変更は，外部投資家から見て，会計情報の継続的な利用可能性を制約し，無形情報への需要を高める可能性がある。Brown (1983) は，複数のタイプの会計方針変更を調査した結果，変更に際して追加的な情報提供がある場合には，利益の予想

可能性を必ずしも低下させないことを示している。Dharan and Lev（1993）は，収益増加方向の会計方針の変更が，利益反応係数の悪化を招くことを示している。

決算発表のタイミング（ATRM）

本決算期末から公表期日までの日数を計算している。期末決算期日後の迅速な情報開示は，投資家にとってタイムリーに情報を得る機会を提供し，有形情報の価値を高める。その意味で好ましい情報開示体制が構築されていることを示唆する。よって，タイミングの遅延は，決算情報を含む有形情報ではなく，無形情報への需要を高めると予想される。Givoly and Palmon（1982）は，早いタイミングでの利益情報の公開は，株価反応に多くの情報内容を含むことを示している。Chambers and Penman（1984）では，早い段階での情報公開が，有意に正の株価反応を示すのに対して，遅延した情報公開には，ネガティブな反応があることを報告している。

株主総会集中度（AGMC）

株主総会は一般的に特定期日に集中する傾向があるが，反対に独自の開催日程を設定している場合，積極的に投資家へ情報開示する姿勢を反映する。この場合，有形情報の利用価値が高まり，無形情報の必要性が低下する可能性がある。株主総会自体の市場への情報効果を検証した研究は比較的少ないが，Olibe（2002）は，英国企業の株主総会開催が，米国の市場へ及ぼす効果をイベントスタディによって検証している。その結果では，株価は強い反応を示しているが，売買高については弱い相関のみが見られる。大鹿（2005）は，総会の所要時間を株主総会の活性化度として捉え，それと経営者業績予想の関連性を分析している。その実証結果は，総会が活性化した企業では，予想利益に対する株価反応が大きいことを示している。森脇（2016）は，総会ではなく，決算発表の集中化が，株価ドリフト傾向（過小反応）を増幅することを示している[5]。

ウェブサイトの充実度 (WEBEVL)

　企業ウェブサイトのわかりやすさ，使いやすさ，情報の多さを，日興アイアールが独自に評価，集計した値である。平均50ポイント，標準偏差10ポイントの偏差値で示されている。現代では，各企業のウェブサイト上での情報提供が普及しており，どの程度豊富な情報を投資家が得られるのかが，情報開示の充実度を示す指標となる。ウェブ上での情報は，誰でもアクセス可能な公開情報であるから，その充実は有形情報の利用可能性を高め，無形情報への依存を低める可能性がある。Chang et al.（2008）は，インターネット上での情報公開の程度をカバーしたIR指数を構築し，その改善が，市場流動性指標の向上に寄与することを示している。Aerts et al.（2007）では，欧州と北米での国際比較研究を実施し，北米地域では，アナリストカバレッジの増加が，インターネット上での業績情報開示を積極化させ，同時に，それが予想情報の収斂傾向を強めることを報告している。

4　データ：無形情報リターンと情報開示・情報環境

4.1　データの出所と定義

　株価データは，日経メディアマーケティング社による日次株価リターンファイルから得ている。財務データは，日経ファイナンシャルクエストから得た。コーポレートガバナンスに関するデータは，日経コーポレートガバナンス評価システム（CGES）から，情報開示カテゴリーに含まれるものを用いる。対象とするサンプル企業は，東京証券取引所一部上場企業であり，銀行・証券・保険会社を除く。最終的な無形情報リターンと情報関連変数との回帰分析での，サンプル期間は，2004年3月から2008年3月までの5年間である。ただし，これに先立つ無形情報リターンの推計では，最大5年間過去に遡ったデータを用いる。

4.2 無形情報リターンの推計

すでに述べたように，無形情報リターンは，株式リターンを従属変数として，過去の簿価時価比率および簿価の変化に回帰分析した残差として定義される。株主資本の市場価値を MV，簿価を BV として表記する。株式リターンは，株式時価総額の対数の差分 $\Delta \log MV$，簿価時価比率は，株式時総額を株主資本（＝総資産－負債）で除したものの対数値 $\log(BV/MV)$，簿価の変化は，株主資本簿価の対数値の差分 $\Delta \log BV$ である。対数をとるため，債務超過（マイナスの株主資本）のサンプルは除く。DT と同様に，リターンの間隔は，短期の1年間と長期の5年間の2通りあり，それぞれ1Yと5Yの添え文字で表記する。ベースラインの推計モデルで用いる説明変数の基本統計量は**表5-1**に記載している。注意点は，ここでのリターンは，通常の株式リターンとは異なり，新株発行や買収・合併による企業価値の規模拡大効果も，リターンの拡大

表5-1 無形情報リターン推計モデルの説明変数

変数名	N	平均値	標準偏差	最小値	第1四分位	中央値	第3四分位	最大値
$\Delta \log MV_{1Y}$	7,001	0.0453	0.3721	−2.9009	−0.1578	0.0513	0.2645	2.7141
$\log(BV/MV)_{t-1}$	7,001	−0.3157	0.6118	−7.2636	−0.6663	−0.2609	0.0939	1.5217
$\Delta \log BV_{1Y}$	7,001	0.0684	0.2320	−5.2636	0.0087	0.0555	0.1193	4.3786
$\Delta \log MV_{5Y}$	5,490	0.3565	0.6172	−2.6567	−0.0113	0.3276	0.6988	3.4099
$\log(BV/MV)_{t-5}$	5,490	−0.1274	0.7086	−5.2777	−0.5403	−0.0567	0.3623	2.3492
$\Delta \log BV_{5Y}$	5,490	0.2259	0.4663	−6.1219	0.0315	0.1961	0.3990	5.2305
$\log(SLS/MV)_{t-1}$	6,996	0.5338	0.9192	−4.7906	−0.0246	0.5470	1.1374	3.9423
$\Delta \log SLS_{1Y}$	6,996	0.0556	0.1350	−1.4746	−0.0013	0.0447	0.1004	2.6381
$\log(DEBT/MV)_{t-1}$	6,996	−0.0924	1.1108	−5.1876	−0.7949	−0.0247	0.6627	4.9827
$\Delta \log DEBT_{1Y}$	6,996	0.0201	0.1958	−2.4720	−0.0662	0.0035	0.0843	3.0722
$\log(SLS/MV)_{t-5}$	5,487	0.7823	1.0143	−3.8863	0.1954	0.8378	1.4379	4.3771
$\Delta \log SLS_{5Y}$	5,487	0.1393	0.3341	−1.8614	−0.0337	0.1162	0.3074	2.8525
$\log(DEBT/MV)_{t-5}$	5,487	0.3271	1.2359	−5.1175	−0.3649	0.4396	1.1405	5.0810
$\Delta \log DEBT_{5Y}$	5,487	−0.0186	0.4131	−2.0057	−0.2340	−0.0390	0.1856	4.0140

表5-2 無形情報リターンの基本統計量

変数名	N	平均値	標準偏差	最小値	第1四分位	中央値	第3四分位	最大値
基本モデル								
$R_{ITG,1Y}$	5,425	0.0086	0.2633	−2.6283	−0.1520	−0.0079	0.1515	2.4988
$R_{ITG,5Y}$	5,406	−0.0019	0.4231	−3.0062	−0.2774	−0.0354	0.2276	3.4537
$|R_{ITG,1Y}|$	5,425	0.1938	0.1785	0.0000	0.0702	0.1518	0.2651	2.6283
$|R_{ITG,5Y}|$	5,406	0.3184	0.2786	0.0001	0.1163	0.2545	0.4399	3.4537
拡張モデル								
$R_{ITG,1Y}$	5,425	0.0092	0.2565	−2.4901	−0.1476	−0.0010	0.1506	1.9928
$R_{ITG,5Y}$	5,406	−0.0019	0.3915	−3.1220	−0.2458	−0.0255	0.2148	2.7270
$|R_{ITG,1Y}|$	5,425	0.1896	0.1730	0.0000	0.0688	0.1490	0.2594	2.4901
$|R_{ITG,5Y}|$	5,406	0.2952	0.2571	0.0000	0.1094	0.2304	0.4128	3.1220

要素として含まれる点である。ただし，従属変数 $\Delta \log MV$ と独立変数 $\Delta \log BV$ の双方に規模拡大効果は含まれるので問題は小さい。

推計された1年間と5年間の無形情報リターン（intangible return）をそれぞれ $R_{ITG,1Y}$, $R_{ITG,5Y}$ と表記する。記述統計量は**表5-2**に記載している。これを見ると，$R_{ITG,1Y}$ の平均値は，0.0086, $R_{ITG,5Y}$ の平均値は，−0.0019であり，どちらもゼロに近い数値を示しており，無形情報リターンはグッド情報とバッド情報に比較的均等に分布している。実際の分析では，「情報量」との関連性が主眼であるため，符号の付いた数値そのものではなく，その絶対値 $|R_{ITG,1Y}|$, $|R_{ITG,5Y}|$ を用いる。これらの平均値は，それぞれ，0.19と0.31となる。本章での焦点は，情報環境や情報開示姿勢が無形情報の利用価値を高めるかどうかにある。したがって，無形情報がグッドであれバッドであれ，いずれにしても，その規模が分析上重要な関心事となる。

4.3　情報関連変数

情報関連変数の基本統計量は**表5-3**に記載している。サンプル企業の総資産規模 ASSET は，東証一部上場企業を対象としているため，全体として規模は大きく，平均値で5,106億円，中央値で1,178億円である。利益率の標準偏差

表 5-3　情報関連変数の基本統計量

変数名	N	平均値	標準偏差	最小値	第1四分位	中央値	第3四分位	最大値
ASSET	5,425	510,652	1,477,562	1,182	57,203	117,861	332,171	32,574,779
EVOLA	5,425	0.025	0.093	0.000	0.008	0.014	0.027	2.961
AGE	5,425	40.099	16.076	5.022	25.679	44.000	55.167	59.334
MISFRC	5,425	1.995	9.068	0.000	0.247	0.649	1.592	365.185
AOP3	5,425	1.139	0.949	0	0	1	2	3
APCHG3	5,425	0.819	0.820	0	0	1	1	3
ATRM	5,425	42.191	8.902	2	39	44	48	87
AGMC	5,425	907.479	676.529	1	227	1301	1528	1695
WEBEVL	5,425	52.795	8.396	30	47	52	57.9	85.8

EVOLAは平均値で0.025である。上場以来の企業年齢AGEは，平均で40年程度であるが，最大で59年の企業を含む。無形情報リターン推計には，当該年度から遡って5年間のラグ変数が必要であるため，最小値は5年程度になっている。利益予想誤差MISFRCは，平均的には，対売上高で1.9%程度である。過去3年間での監査意見の付与回数AOP3は，最小で皆無のものから，最大で毎年度監査意見が付いたものまで分布しており，平均値では1.139回である。会計基準変更回数APCHG3は，平均値0.819，中央値1であることから，およそ3年に一度の変更を行っている。決算公表所要日数ATRMは，平均42日であるので，ほぼ1カ月半後つまり3月末決算では，5月中旬に情報がリリースされている。株主総会集中度AGMCは，平均的企業では，同一期日に907社の企業が総会を開催している。ウェブサイト充実度WEBEVLは，偏差値で評価がなされているので，平均値は52となっている。

4.4　相関係数

表5-4は，相関係数のマトリックスである。log記号の付いている変数は，対数変換している。ただし，MISFRCに対しては，少数存在する誤差ゼロのサンプルには，全サンプルの最小値に置き換えている。情報環境関連の変数の相互関連性を見ると，企業規模（ASSET）と利益変動性（EVOLA）には負の

表5-4 相関係数

		[1]	[2]	[3]	[4]	[5]	[6]	[7]	[8]	[9]	[10]
[1]	$|R_{ITG,1Y}|$	1									
[2]	$|R_{ITG,5Y}|$	0.2108	1								
[3]	logASSET	−0.0624	−0.0719	1							
[4]	logEVOLA	0.0795	0.1064	−0.2596	1						
[5]	logAGE	−0.0419	−0.0905	0.1686	−0.0103	1					
[6]	logMISFRC	0.1441	0.1147	−0.13	0.1993	−0.0375	1				
[7]	AOP3	0.0514	0.0394	0.1466	0.0576	0.1025	0.0481	1			
[8]	APCHG3	0.0276	−0.0028	0.1912	−0.0014	0.0777	−0.0149	0.5013	1		
[9]	logATRM	0.0296	0.0289	−0.2858	0.0563	0.0593	0.0582	−0.0356	−0.0731	1	
[10]	logAGMC	−0.0237	−0.0597	0.0138	−0.0198	0.2900	0.0153	0.0257	−0.0178	0.0825	1
[11]	WEBEVL	−0.0338	−0.0449	0.5689	−0.0782	−0.0414	−0.0736	0.0651	0.1119	−0.3092	−0.0921

相関関係があり，大規模企業では相対的に利益が安定している。決算発表所要日数（ATRM）に関しては，大規模企業では，迅速な情報開示がなされている。また，大規模企業において，積極的なウェブサイト上での情報開示（WEBEVL）がなされている。規模拡大によるコスト増加に優って，情報処理上の規模の経済性が生じている。上場以来の企業年齢が高いサンプル（AGE）では，横並びによる株主総会が実施されている（AGMC）。監査意見回数（AOP3）と会計方針変更（APCHG3）は高い正の相関があることから，両者は，企業による会計情報開示の信頼性維持への積極姿勢を示す共通部分を多く反映していると読み取れる。ATRMとWEBEVLは高い負の相関があり，このことは，迅速な決算公表に積極的な企業では，ウェブ上での情報公開も同様に積極的な行動が読み取れる。

次に，無形情報リターンと情報関連変数の相関を概観する。無形情報リターンが1年の場合（1列目 $|R_{ITG,1Y}|$）と5年の場合（2列目 $|R_{ITG,5Y}|$）では，大きな差違はない。APCHG3においてのみ相関係数の符号が異なっている。また，それぞれの組み合わせでの相関係数の大きさ自体は比較的小さいが，後の回帰分析結果との比較のためにここで簡単に結果を要約しておく。外生的な情報環境に関わる企業特性について，規模（ASSET）と無形情報リターンの相関係数は負値であり，規模の小さな企業では，無形情報が比較的豊富に活用される

ことを示している。つまり，企業規模が小さい場合，利用可能な有形情報が乏しく，そのため，無形情報の利用価値が高まるという予想と整合的である。利益ボラティリティ（EVOLA）は正の相関であり，利益に関する不確実性の増加が，無形情報リターンへの依存を高めることを示している。企業年齢（AGE）は負の相関関係である。よって，過去の公開情報蓄積は，無形情報の有用性を低下させる方向に働いている。

経営者予想誤差 MISFRC は，無形情報とは正の相関関係を示す。会計ディスクロージャーの信頼性低下は，無形情報の有用性を高めると解釈できる。監査意見回数（AOP3）は，弱い正の相関関係がある。これは，企業による会計ディスクロージャー情報に対する疑義の発生（不透明性の増加）によって，有形情報よりもむしろ無形情報が活用される傾向を示唆している。決算発表タイミング（ATRM）は，無形情報リターンとは弱い正の相関がある。したがって，決算発表がタイムリーでないケースでは，有形情報に代わって，無形情報への依存が高まっている。株主総会集中度（AGMC）は，小さな規模であるが負の相関関係をもっている。より多くの株主に対して総会へのアクセスを高めている企業では，無形情報が増加している。株主総会での情報公開姿勢は，有形情報だけでなく，無形情報の利用価値も高めていると解釈できる。ウェブサイト上での情報公開の充実化（WEBEVL）は，無形情報リターンを弱い相関で低下させている。これは，ウェブサイトによる豊富な情報提供が，一般的な会計情報のような公開情報の利用価値を高め，反対に，無形情報への依存を低める傾向を示唆している。

5 無形情報リターンの要因分析結果

5.1 基礎的な結果

表5-5の左側は，基本モデルでのOLS回帰分析による結果を示している。モデルの妥当性については，F値から見て，すべての推定係数がゼロという帰

表5-5 回帰分析結果：無形情報リターンと情報関連変数

	基本モデル		拡張モデル	
	$|R_{ITG,1Y}|$	$|R_{ITG,5Y}|$	$|R_{ITG,1Y}|$	$|R_{ITG,5Y}|$
logASSET	−0.0254	−0.0061	−0.0149	0.0104
	[−1.61]	[−0.33]	[−1.01]	[0.56]
logEVOLA	0.0537***	0.0956***	0.0662***	0.0893***
	[3.24]	[4.63]	[3.99]	[4.25]
logAGE	−0.0698**	−0.1601***	−0.0598**	−0.1181***
	[−2.25]	[−4.25]	[−1.96]	[−3.04]
logMISFRC	0.0928***	0.0665***	0.0925***	0.0498***
	[8.16]	[5.84]	[8.49]	[4.43]
AOP3	0.0517***	0.0538**	0.0480**	0.0172
	[2.60]	[2.44]	[2.41]	[0.73]
APCHG3	0.0236	−0.021	0.0291	0.037
	[1.13]	[−0.87]	[1.35]	[1.40]
logATRM	0.0871	0.0928	0.1208*	0.0443
	[1.18]	[1.10]	[1.81]	[0.48]
logAGMC	−0.0085	−0.0286**	−0.014	−0.0345***
	[−0.77]	[−2.31]	[−1.29]	[−2.81]
WEBEVL	−0.0007	−0.0039	−0.0016	−0.0058**
	[−0.28]	[−1.39]	[−0.68]	[−2.02]
Year 2005	−0.2314***	−0.0567	−0.2598***	−0.0890*
	[−4.57]	[−1.27]	[−5.17]	[−1.93]
Year 2006	0.0000	0.0363	−0.0183	0.0288
	[−0.00]	[0.74]	[−0.37]	[0.57]
Year 2007	−0.1393***	0.0662	−0.1592***	0.0762
	[−2.79]	[1.32]	[−3.03]	[1.43]
Year 2008	0.0359	0.019	0.0534	0.0948*
	[0.71]	[0.36]	[1.08]	[1.83]
定数項	−1.5227***	−0.5315	−1.6887***	−0.6997
	[−4.17]	[−1.26]	[−5.03]	[−1.52]
adj.R^2	0.0346	0.0319	0.0372	0.0227
F-value	14.35***	10.27***	15.41***	7.79***
N	5,425	5,406	5,425	5,406

（注）OLSによる推定。上段：推計係数　下段（括弧内）：cluster-robust S.E.から計算された t 値。
*，**，*** それぞれ10％，5％，1％水準で統計的に有意。

無仮説は棄却される。年次ダミーは，1年間無形情報リターンでは，2005年と2007年が有意であるから，計測年ごとに，無形情報量は平均的に変化することが読み取れる。ただし，より長期で見た5年間無形情報リターンでは，いずれ

も統計的に有意な差異は存在しない。短期間（1年）で計算された無形情報リターン（$|R_{ITG,1Y}|$）に対する情報環境変数のインパクトから順次見ていく。全体的には，情報環境の悪化は，無形情報リターンを上昇させており，有形情報を代替する形での，無形情報の需要増加と整合的である。個別に見ていくと，企業規模（ASSET）の推定係数は負値であり，相関係数の結果とも一致するが，統計的に有意ではない。利益の不確実性（EVOLA）の増加は，無形情報リターンの増加をもたらしている。当期利益の変動リスクが大きいため，代替的な情報源として無形情報活用が積極的になされる傾向を示唆している。企業年齢（AGE）の増加は，無形情報リターンを低下させる方向に働いている。現時点で長年にわたって公開されてきた情報蓄積が，有形情報活用の有効性を高め，反対に無形情報の必要性を低下させていると解釈できる。

次に，企業の情報開示行動に関わる変数について，統計上有意なものは，経営者予想誤差（MISFRC）と監査意見回数（AOP3）の正値の推定係数である。利益予想に代表される公開情報の信頼性低下は，無形情報への依存を高めると考えられる。また，最も重要なディスクロージャー資料である有価証券報告書に監査意見が付与されることは，その信頼性を低下させ，投資家が無形情報に依存する傾向を強めている。

より長期間（5年，$|R_{ITG,5Y}|$）では，3つの情報環境変数はそれぞれ先の結果と類似している。モデルの説明力（R^2）もほぼ同じ水準である。情報開示行動では，予想誤差（MISFRC）が統計的に有意な水準で，無形情報を増加させる効果をもつ。短期間のケースと同様に，会社自身が公表する利益予想が情報開示の信頼性を代表する重要な材料であるため，その精度の悪化は，無形情報を活用する方向へ投資家を動かしている。監査意見（AOP3）の正値で有意な推定係数からも，会計情報の信頼性低下が，無形情報の収集へ投資家を向かわせる効果を示している。予想に反して，株主総会集中度（AGMC）の増加は，無形情報リターンを低下させる。言い換えると，企業による積極的な公開での情報コミュニケーションは，無形情報を増加させている。1つのありうる解釈としては，株主に対して総会に参加しやすい環境を提供している企業は，より

幅広い機会において，無形情報に関連する情報を，投資家や市場関係者（アナリストなど）へ積極的に提供しているかもしれない。その場合，会計情報以外の無形情報が投資家に活用される可能性が高まる。

5.2　無形情報リターン推計の拡張モデル

　無形情報リターン推計段階では，最も単純なモデルとして，有形情報に，過去の簿価時価比率と株式簿価の変化率の2つのみを用いた。これはDTの研究動機は，リターン・リバーサル現象の解明であり，そのソート基準となるのが簿価時価比率であることによる。しかしながら，もちろん他にも会計情報を中心とした有形情報は多数ありうる。そこでこのセクションでは，拡張的なモデルを使って，無形情報リターンを推計する。追加する変数は，フロー変数から売上高SLS，ストックの資本構成からレバレッジ（負債総額）DEBTを用いた。具体的には，ベースラインの推計モデルと同様に，売上高・負債総額それぞれの株主資本簿価に対する比率，および，期間の変化率を使っている。基本統計量は**表1-1**に記載している[6]。

　拡張モデルの結果は，**表5-5**の右側である。情報関連変数との回帰分析結果を見ると，基本モデルと比べて決定係数に大きな変化はない。ただし，期間5年モデルにおいて若干決定係数が低下している。推定係数も，その符号は基本モデルの場合と同様の結果であるが，統計的有意性には違いが見られる。

　ATRMの係数は，限界的なレベルではあるが統計的に有意になっている。拡張モデルでの，より限定された範囲の無形情報リターンは，決算情報が適時性を欠くときに拡大する。期間5年モデルでも全体的な情報変数の効果の方向性は，基本モデルと変わらない。1つの違いは，WEBEVLが負値で統計的に有意な水準となっている点であり，このことは，充実したウェブサイト情報提供が，無形情報リターンを減少させることを支持している。インターネットでの公開情報の拡大が有形情報の利用価値を高めているのかもしれない。

5.3 企業固定効果による無形情報リターン

これまでの無形情報リターンの計測では，企業クロスセクションごとにそれが変化することは当然のことながら，かつまた，時系列上でも制約なく，毎年度それが変化する推定を行った。次にこの節では，データが企業・年次のパネル形式である利点を生かして，固定効果として無形情報リターンを計測することを試みる（|FR$_{ITG}$|と表記)。方法は，通常の固定効果モデルの推定によるため，固定効果が表すものは，簿価情報など有形情報リターンを控除し，その残差の中でも計測期間で一定であるような企業固有部分である。したがって，先般のOLS推定による残差と異なり，純粋な残差項は含まない。この方法を利用する理由は，2段階目の回帰分析で説明変数となる情報環境変数および情報開示行動は，時系列上は大きく変化しないと予想されるからである。あるいは，この個別効果からの指標は，無形情報リターンの中でも，経年的に変化しない企業固有の側面を抽出して捉えているとも解釈できる。

結果は表5-6である。説明力は，前のOLS推定残差によるモデルと比較すると向上している。基本モデルでの個々の変数について，ASSETでは，前のOLSモデル残差と異なり，統計的に有意に正の係数を示している。企業規模拡大による情報提供体制の充実は有形情報ではなく，企業固有の無形情報を高めている。EVOLAの増加とAGEの低下は，OLSモデルと同じく，無形情報リターンの増加をもたらしている。情報開示行動については，MISFRCとAOP3の上昇は，無形情報リターンを向上させる結果である。これもまた，有形情報の信頼性低下が，無形情報への活用を促進するという結論を補強している。AGMCの結果から，OLSモデルと同様に，総会の分散開催姿勢が無形情報の利用可能性を高めることに貢献する。拡張モデルによる固有効果では，いくつかの違いが見られる。特に，MISFRCの推計係数は反転し，負値を示している。会計方針変更APCHG3も有意に負の推定係数を示している。より狭い範囲に無形情報を限定するとき，公開情報の信頼性低下は，企業固有の無形情報の利用価値低下に結びついている。一方，WEBEVLでは比較的明瞭に，

ウェブ情報の充実が無形情報への依存を低下させる効果が出ている。

表5-6 回帰分析結果：企業固定効果による無形情報リターン

	基本モデル		拡張モデル	
	$|FR_{ITG,1Y}|$	$|FR_{ITG,5Y}|$	$|FR_{ITG,1Y}|$	$|FR_{ITG,5Y}|$
logASSET	0.0910***	0.0964***	−0.0257	−0.0038
	[3.79]	[4.00]	[−1.34]	[−0.16]
logEVOLA	0.1673***	0.1297***	−0.0378	0.0276
	[6.49]	[5.22]	[−1.58]	[1.13]
logAGE	−0.0749	−0.1510***	−0.1426***	−0.1008**
	[−1.60]	[−3.16]	[−3.67]	[−2.20]
logMISFRC	0.0421***	0.0394***	−0.0857***	−0.0575***
	[3.23]	[3.26]	[−7.66]	[−4.72]
AOP3	0.0576**	0.0469*	0.0700***	0.0377
	[2.19]	[1.73]	[3.08]	[1.56]
APCHG3	0.0378	0.0322	−0.0530**	−0.0487*
	[1.22]	[1.07]	[−2.04]	[−1.66]
logATRM	−0.1325	−0.1517	0.1568*	0.2386**
	[−1.33]	[−1.43]	[1.83]	[2.26]
logAGMC	−0.0431***	−0.0309*	−0.0199	−0.0192
	[−2.64]	[−1.84]	[−1.44]	[−1.25]
WEBEVL	−0.0027	0.0004	−0.0156***	−0.0146***
	[−0.80]	[0.13]	[−5.29]	[−4.49]
Year 2005	−0.2611***	−0.0381	−0.0842***	−0.0997***
	[−7.81]	[−1.40]	[−2.90]	[−3.79]
Year 2006	−0.3404***	0.0305	−0.3262***	−0.1136***
	[−8.41]	[0.87]	[−8.21]	[−3.12]
Year 2007	−0.3009***	−0.0867**	−0.7405***	−0.3908***
	[−6.01]	[−2.10]	[−18.66]	[−9.60]
Year 2008	−0.0818*	−0.1893***	−0.8112***	−0.5474***
	[−1.73]	[−4.04]	[−17.89]	[−11.98]
定数項	−0.8345	−0.4151	0.3776	−0.1
	[−1.62]	[−0.78]	[0.86]	[−0.19]
adj.R^2	0.0501	0.0421	0.1286	0.0607
F-value	19.49***	11.27***	69.40***	31.85***
N	5,425	5,406	5,425	5,406

(注) OLSによる推定。上段：推計係数　下段（括弧内）：cluster-robust S.E. から計算された t 値。
*，**，*** それぞれ10％，5％，1％水準で統計的に有意。

6 まとめ：情報開示と無形情報の代替関係

本章では，Daniel and Titman（2006）による株式リターンの有形情報・無形情報への分解方法を利用して，企業の外生的情報環境と情報開示行動が，どのように無形情報リターンに反映されているかを分析した。主要な実証結果として，まず，情報環境に関する要因の中でも，高い利益ボラティリティと低い企業年齢が，無形情報リターンの増加傾向に寄与することが確認された。代表的な有形情報である利益情報の不確実性，および過去の企業情報蓄積の不足が，投資家による無形情報の活用を促進している。情報開示行動についてまとめると，会計情報を含む公開情報の積極的な開示姿勢は，一部の変数では，無形情報リターンに対する減少効果があるが，他方で一部に増加効果も見られる。たとえば，経営者利益予想精度の低下と監査意見の増加は，無形情報リターンの増加と結びついている。このことは，会計情報の信頼性の毀損が，代替的な無形情報への依存を高める傾向として解釈できる。対照的に，株主総会集中度の低下は，無形情報リターンを増加させる。この負の相関関係は，株主総会での情報公開が広範な株主に参加可能である場合，無形情報の利用可能性を高めることを意味する。したがって，総会での情報コミュニケーションは公開情報ではあるけれども，無形情報の増加にも寄与する効果がある。企業ウェブサイト上の情報公開については，統計的には弱い程度ではあるが，一部に，ウェブサイト充実度の向上が無形情報リターンを低下させている。インターネット上で公開されている情報は，もっぱら会計数値などの有形情報との関連性が高く，無形情報の利用価値との関連性が弱いのかもしれない。

最後に，本研究の今後の課題および将来のありうる研究の方向性を述べる。無形情報リターンを説明する情報開示行動について，今回は現時点で利用可能な日経CGESからのデータソースに依拠している。このデータそのものは，企業の情報開示行動を多面的に捉えるために有用な材料を提供するが，他方で，無形情報リターンに，より直接的に関連する変数が利用可能であれば一層の研

究の精緻化が期待できる。特に今回の分析では，無形情報リターンの推計方法によっては，一部にメインの結果とは異なる傾向も観察されている。企業が開示する公開情報だけでなく，私的情報に関連した変数についても考慮した場合，無形情報リターンの特徴づけがさらに明瞭となる。

また，冒頭にも述べたように，DTのアプローチは，将来の株価の予想可能性（長期的なリターン・リバーサル現象など）の要因を解明するために開発されたものである。したがって，本研究においても自然な流れとして，今回の推計された無形情報リターンと将来リターンの関連性について分析の余地は大きい。ただし，DTが対象とした米国市場と異なり，日本市場での先行研究では，長期のタイムスパンではなく，むしろ短期的なリターン・リバーサルが観察・報告されている（Iihara et al. (2004)）。研究の拡張に当たっては，こうした日米市場の根本的な差違に関して十分な検討を要する。

● 注

1 DTでは特にどのようなものが無形情報に該当するのかという詳細な説明をしているわけではないが，比較的想定しやすいものとしては，現在の収益には未だ貢献していない研究開発能力，ブランド力，経営陣，従業員の資質などがありうる。
2 DTで明確に述べられているように，リターン・リバーサル現象に対しては，行動ファイナンスの視点だけでなく，リスク要因による根拠づけもありうる（Fama and French (1995) など）。
3 Aman and Nguyen (2008) でのCGESからの情報開示変数の用途は，主に企業業績・超過リターンへの効果を見ることである。
4 別の情報開示姿勢を示すデータとして，須田ほか (2004) は，日本証券アナリスト協会によるSAAJ報告書でのディスクロージャー優秀企業ランキングを用いて，評価の高いディスクロージャーを行っている企業では，株主資本コストが低下するメリットを享受することを示している。
5 株主総会ではないが，幅広い投資家への情報公開の場という意味で，近い性質をもつカンファレンスコールについて海外ではいくつかの先行研究がある。Brown et al. (2004) は，カンファレンスコールを開催した企業では投資家との私的情報の非対称性が低下することをPIN (Private Information Number) を用いて示している。
6 DTでは，拡張モデルにおいて，売上高・キャッシュフロー・利益を使っている。Resutek (2010) は，将来リターンの予想モデルにおいて負債比率を追加的に用いている。

第6章

企業固有ボラティリティ（FSV）の要因分析：追加的検証

1　企業情報反映度としてのFSV

　本章では，第2章で取り上げた企業固有ボラティリティ（FSV: firm-specific volatility）の決定要因について，いくつかの追加分析を行う。第1に，第2章の分析では，サンプル期間は2003年度の単年度に限定されていた。これを，本章では，その後の期間をカバーする2004年度から2013年度までの期間での検証を行う。第2に，公開情報変数について，第2章では，メディアカバレッジのみを用いていたが，これにディスクロージャー頻度を加えることで，異なるタイプの公開情報の伝達プロセスを識別する。第3に，メディアカバレッジに関する詳細な変数（文字情報量，紙面ページ）を追加し，マスメディアの株価変動への効果をより詳しく見ていく。また，株主タイプによるメディア効果の相違についても考慮する。これは，マスメディア報道の情報伝達効果は，注意力仮説の観点から，個人投資家層に強い影響を及ぼすと予測されるからある。

　FSVが注目される主要な理由は，それが株価の情報反映度を示す有益な指標となるからである。株価は，理論的に，企業の将来にわたる収益性見込みやリスクなどのファンダメンタル価値を反映する。そのため，事業活動や企業ファイナンスの多様な局面において，企業価値指標として活用されている。また，経営全般の業績変化を捉えるタイムリーな指標として株主，投資家に認識されている。たとえば，M&Aにおいては企業買収の対価として用いられ，経営陣の報酬体系ではストックオプションなどによって，業績評価基準となって

いる。株価による企業評価が正確になされれば，人的・物的資本は，経済全体で，より効率的な配分が達成される。他方で，株価は個別企業のファンダメンタルだけでなく，経済全体の市場要因によっても変動する。こうした個別企業の収益性とは関連の希薄な市場要因で株価が形成されると，株価の指標としての利用価値を減じることになる。

　資本市場の価格形成プロセスの機能向上が資本配分を効率的にすることを，先行研究は実証的に明らかにしている。理論的には，ファンダメンタル情報に基づく投資が，低い取引コストで円滑に実施できる市場では，株価は企業固有情報を適切に反映して形成される。その結果，株価の企業評価のシグナルとしての精度は高くなり，株価の上昇・下落に即した実物投資も活発化する。Wurgler (2000) は，株価の情報反映度と実物投資の関係を分析した重要な研究である。彼らは，国際比較データを用いて，株価の市場連動性が低い国 (FSV が高い国) では，成長産業への投資増加，つまり資本の効率的配分が達成されることを報告している。Durnev et al. (2004) は，米国企業の投資効率性を Tobin's Q で計測し，FSV が高い企業では，効率的な投資が実施されることを示した。

2　FSV とマスメディア報道

2.1　FSV と情報環境

　すでに第2章において先行研究についてはレビューしているが，より近年の文献も含めてここで整理する。株式市場において，株価が企業情報を適切に反映して形成されるためには，投資家が効率的に情報収集と取引を実行できることが不可欠となる。しかし，企業情報の収集には，人的・物的なサーチコストがかかる。そのため，理論的に，情報に基づいて投資を行う情報トレーダーやアービトラージャーにとっては，取引を実施するかどうかは情報コストと投資利益のトレードオフで決まる (Grossman and Stiglitz (1980))。このことは，

投資家にとっての情報環境の良し悪しが,株価の情報反映度（informativeness）に影響することを意味する。この場合の望ましい情報環境とは,①情報開示制度が完備されており,投資家にとって,十分な公開情報（public information）を入手できる透明性の高い市場である。また,②情報トレーダーにとって,コストをかけて収集した私的情報（private information）を投資利益に転嫁できる（私的情報が無駄になるリスクが低い）市場である。FSVに関する先駆的研究であるRoll（1988）は,標準的資産価格モデル（CAPM, APT）の説明力は相対的に小さく,大きな部分が企業固有要因で変動することを示した。なおかつ,ニュースによってFSVを十分に説明することはできなかったため,公開情報ではなく,私的情報がFSVに関わっていることを示唆した。Durnev et al.（2003）による米国企業の実証結果では,FSVが高い企業では,実際に株価が将来利益を強く反映して決定されている。この発見は,FSVが企業のファンダメンタル情報を反映した,情報反映度の望ましい指標となる根拠となる。その後,いくつかの国際比較研究が,各国間の情報環境の優劣がFSV格差の大きな要因となることを示した。Morck et al.（2000b）は,所有権保護の仕組みが整備されている国では,FSVが高いことを示した。これは,情報トレーダーによる裁定取引のメリットが高まることが,株価の企業固有情報反映度を高めることを意味している。Jin and Myers（2006）もまた,国際比較研究によって,会計上の情報開示制度の透明性向上が,FSVを高めることを発見している。Dang et al.（2015）の国際比較研究は,制度的な情報環境（会計制度,ガバナンスなど）の脆弱さは,ニュース発信の同調性を高め,そして,株価の同調性も高める（FSVを低める）結果を報告している。

公開情報のディスクロージャーの観点からの研究も進んでいる。Hutton et al.（2009）は,裁量的発生高の増加（会計透明性悪化）は,FSVを低下させることを見出している。Haggard et al.（2008）は,アナリスト評価で測った情報開示のクオリティが高い場合,FSVが向上することを示した。Xing and Anderson（2011）は,FSVが公開情報だけでなく,投資家による私的情報利用も反映するという仮説のもとで,ディスクロージャー情報の増加に対して,

FSV が U 字形（R^2 は逆 U 字形）になることを報告している。

　情報トレーダーの取引や株主によるモニタリングの観点からの研究も進展している。Piotroski and Roulstone（2004）は，機関投資家の所有比率増加が，FSV を高めることを示している。Brockman and Yan（2009）によると，株式のブロック所有の程度と FSV の関係を分析している。情報収集と分析にはコストがかかる点を想定するとき，小規模株主よりも，一定の規模の株式をもつブロックホルダーのほうが，情報収集とその株価への反映に寄与する程度が大きい。An and Zhang（2013）は，機関投資家に詳細な株主タイプ分類を行い，保有株数が多く，かつ，安定的な長期保有をしている機関投資家が存在する場合，FSV が高まることを示している。数少ない日本市場を対象とした研究に Chang and Dong（2006）がある。そこでは，企業固有情報への機関投資家のハーディング（横並び）行動が，FSV を高めるという結果を得ている。

　近年では，情報環境の改善が FSV の向上に資するという従来の見解とは異なる仮説を提示する研究も進んでいる。Dasgupta *et al.*（2010）のモデルでは，投資家に利用可能な情報が増加することは，効率的市場仮説の観点からは，情報はニュースとして発信される前に株価に反映され，個別ニュースへのサプライズによる株価反応は小さくなる。このとき，株価は企業固有情報では変化しない。また，豊富な情報による投資家の学習効果は同調性を高める。彼らは，新株発行と海外上場という情報環境の改善イベントと企業年齢増加による投資家学習効果の測定により，この理論的予想の妥当性を支持している。Patton and Verardo（2012）は，市場モデルの日次ベータ（β）に着目し，公開情報の流入（四半期利益情報）が，投資家の市場情報学習効果を通じて，株価同調性つまり β を高めることを示している。Irvine and Pontiff（2009）は，米国での時系列で見た趨勢的な FSV の上昇（同調性低下）は，株価形成のファンダメンタルとなるキャッシュフローの同調性の低下と一致することを示した。そして，情報要因よりもむしろ，企業間の競争環境の激化というビジネス上の要因が，同調性低下の要因であるとしている。

2.2 FSVとマスメディア効果

　本章では，マスメディア効果の観点から，FSVの決定要因について分析する。これは，基本的に第2章と同様のアプローチを踏襲している。つまり，マスメディアによる情報量増加は，投資家にとって利用可能な情報を増加させる。このことによって，企業固有情報に基づく情報トレーディングを活性化し，それがFSVの増加につながると予測する。本章では，この予測を主な実証仮説としてテストする。ただし，第2章では，メディアカバレッジを公開情報量の代理変数として扱っていたが，本章では，ディスクロージャー変数も加えることで，マスメディア固有の効果をより明確に識別する。同一の情報であっても，その伝達プロセスがマスメディアを経る場合には，より強い情報効果をもつ可能性がある。たとえば，決算短信などの企業開示情報は，直接的に企業や取引所ウェブサイトを通じて入手可能である一方で，マスメディアによる報道は，より多くの投資家層への注意喚起効果をもつ。このことは，すでに，利益情報への株価反応や取引高反応に対するマスメディア効果研究として，第1章のレビューで紹介した（Bushee et al. (2010), Engelberg and Parsons (2011))。

　メディア報道によるFSV向上効果に関する追試分析というだけでなく，本章では新たに，(1) 投資家注意力効果，(2) 情報伝達機能の類型化，(3) 株主タイプ効果について分析を深める。第1に，一般的な投資家注意力仮説のもとでは，投資家の認知能力・注意力に制約がある場合，特に目立つ顕著な情報に対して注意力という資源が費やされ，その他の目立たない情報は活用されない（Barber and Odean (2008))。マスメディアは，情報の性質を，注意を引きつけるタイプに変換する役割をもつ。実際に，Klibanoff et al. (1998) やHuberman and Regev (2001) での研究は，米国での有力新聞の一面記事への情報掲載が，ファンド価格や株価の大幅な変化をもたらすことを見出している。本章では，対象とする日本経済新聞でのメディアカバレッジの中でも，第一面に掲載された記事数を定量化し，注意力仮説を検証する。最も目立つ紙面での情報提供が，企業固有情報の強い株価反映につながっているかをテストする。

第2に，マスメディアの情報伝達機能をより詳細に区別する試みを行う。第1章でまとめたように，情報伝達の仕組みを大別すれば，速報ニュースに代表される単純な情報再分配機能と独自の解説記事・調査記事に表れる情報生産機能がある。Bushee et al.（2010）やDrake et al.（2014）は，相対的に，マスメディアの情報再分配機能の重要性を支持している。Miller（2006）は，企業不正の告発・スクープに限定して，メディアの独自調査報道の株式市場への強い効果を支持している。本章では，記事の情報量を定型記事と文字分量で測り，速報系ニュースと調査解説記事の区分を行い，どちらのタイプが企業固有情報として株価に反映されているかテストする。

　第3に，情報に対する反応の態様は，投資家タイプによって異なるかどうか，検証する。マスメディアのターゲットは，通常，幅広い一般大衆であり，株式市場では個人投資家に相当する。反対に，機関投資家や金融機関は，独自に組織化された情報収集・分析の人的・物的資本をもっているため，マスメディアに影響される割合は低いと考えられる。投資家注意力仮説に関する研究の中には，特に個人投資家が注意力の制約を強く受けることを示唆する分析結果を提示している。たとえば，Barber and Odean（2008）は，個人証券口座の分析から，注意力仮説を支持している。Hirshleifer et al.（2008）は，利益ニュースへの反応を素材として，個人投資家は，グッド情報・バッド情報に対する注意喚起効果に影響を受けて投資する傾向を示している。Tetlock（2011）は，陳腐化したニュースへの反応は，個人投資家において強いことを発見している。Da et al.（2011）は，IPO周辺のGoogle検索履歴を用いて，個人投資家の注意力効果が初期収益率に及ぼす影響を示している。本章では，個別の取引を投資家属性ごとに識別することはできないため，株主構成データを使って代替する。マスメディアのFSV増加効果は，個人投資家比率の高い企業にとって特に顕著であるという予測をテストする。

3　データ：期間の拡張と追加変数

　サンプル期間は，多くの企業の会計年度に合わせて，4月スタートとして，2004年度（2004年4月～）から2013年度（～2014年3月）までの10年間である。サンプル企業は東証一部上場企業から銀行・証券・保険の金融業種を除いたものである。メディアカバレッジは，日経テレコン21から日本経済新聞を用いる[1]。検索方法は，各企業，各年度に，証券コード4桁で検索し，ヒットした記事を1件としてカウントしている。ディスクロージャー情報は，東京証券取引所TDnetデータベースより得た。これには，東証で開示された各企業の適時開示情報が含まれている。開示情報は，決算短信，会社予想，買収合併など多岐にわたる。

　企業固有ボラティリティ（firm-specific volatility: FSV）は，第1章で解説した最もシンプルな形の市場モデルを想定して，その決定係数R^2から算出する。つまり，r_{it}を，企業i，日次tでの個別株式リターン，r_{mt}を市場リターンとする。u_{it}は誤差項である。以下の市場モデルのα_iとβ_iを最小二乗法で推定する。

$$r_{it} = \alpha_i + \beta_i r_{m,t} + u_{it}$$

　決定係数R^2が，個別株式リターンと市場リターンの同調性（syncronicity）の程度を表す。1マイナスR^2が，企業特殊要因での株価変動の程度であり，つまり，企業固有ボラティリティ（FSV）である。FSVがゼロから1の範囲内である制約を除くために，対数変換する。

$$\log FSV_i = \log \frac{1-R^2_i}{R^2_i}$$

　実際のデータは，金融データソリューションズが提供する日本上場株式日次リターンデータから得ている。個別株式は日次配当込みリターン，市場インデックスには，全上場株式をユニバースとした日次加重リターンを用いる。

経営者予想（会社予想）データは，野村総合研究所が提供するNRIインテグレート・データ・サービスより得た。多くの企業が，決算発表時に次期利益予想を発表する傾向を考慮して，本決算予想の中で，決算期末日から270日前と365日前の間に公表された中で最も初期の予想を採用している。予想項目は当期純利益を用いる。本章での予想誤差の定義は，利益の実現値から予想値を差し引き，その絶対値をとり，総資産額で標準化している[2]。時期による偶発的な予想誤差拡大要因をできる限り除去するために，過去三年間の予想誤差平均値を算出する（FE_NPRO）。第2章での予想では，予想誤差が小さいという意味で，ディスクロージャー信頼性が高い場合，より多くの企業固有情報を反映して，FSVは高まる。予想バイアスは，実現値から予想値を差し引いた値の過去三年間平均値であり，プラスまたはマイナスの値をとる（FB_NPRO）。回帰分析では，FB_NPROがゼロ以上であれば1，ゼロより小さければ0をとるダミー変数を用いる（FB_NPRO_D）。つまり，予想バイアス数値が大きければ，相対的に当初低めの予想をしており，保守的または悲観的予想と言える。数値が小さければ，相対的に楽観的な予想である。情報開示の信頼性の観点から，保守性バイアスが高い場合，FSVは高まると予想する。分析では，予想値と実現値の極端なギャップによる異常値の影響を軽減するために，予想誤差・予想バイアスの上位1％・下位1％を削除している。

コントロール変数として以下を用いる。企業規模効果のために総資産額（百万円）を使う（ASSET）。企業規模が大きい場合，多数の事業部門を抱えるため，企業内分散効果から，株価は市場インデックスとの同調性が高い（FSVが低い）と予想される。また，ファンダメンタル価値のボラティリティの代理変数として，過去5年間の株主資本利益率（当期純利益／純資産）の標準偏差を用いる（SD_ROE）。ROEは極端に業績悪化した企業では，大幅な赤字と純資産の激減により，極度にROEが低下し，その変動幅も大きいため，対数変換した値を用いる。別のファンダメンタル変化を捉える変数として，利益率変化を含める。これは，前期から今期にかけてのROEの変化幅を用いる（ΔROE）。ただし，これも極端なROEの影響を除去するために，－1から＋

1を超えるサンプルは除いた。ファンダメンタル価値の同調性の代理変数として，個別企業の株主資本利益率とデータ内全企業の株主資本利益率の相関係数を用いる（CORR_ROE）。

4 FSV要因分析結果

4.1 基本統計

FSVの基本統計は，表6-1（A）に掲載している。全サンプルでは，最小で22%程度から99%程度まで幅広く分布している[3]。平均値は70%程度であり，企業固有要因で変動する割合は大きい。各年度で見ると，平均値には一定の変動がある。最小で2010年度の50%台から2005年度や2012年度の70%台後半まで分布している。表6-1（B）は，日経新聞記事数で見たメディアカバレッジの状況である。全体としては，最小値1から最大値1,000を超える程度まで分布しており，平均値は35程度である。中央値が17であるから，分布としては右裾に長い形状であり，極端に新聞報道数の多い企業が平均値を引き上げている。

表6-1 (A) 企業固有ボラティリティの基本統計

年度	N	平均値	標準偏差	最小値	第1四分位	中央値	第3四分位	最大値
2004	1,186	0.748	0.117	0.393	0.671	0.754	0.836	0.983
2005	1,223	0.762	0.101	0.442	0.695	0.768	0.837	0.973
2006	1,241	0.690	0.124	0.319	0.603	0.699	0.784	0.980
2007	1,241	0.657	0.134	0.261	0.559	0.656	0.758	0.992
2008	1,304	0.622	0.155	0.227	0.507	0.627	0.739	0.993
2009	1,315	0.780	0.138	0.341	0.697	0.802	0.888	0.999
2010	1,310	0.570	0.153	0.252	0.462	0.552	0.652	0.999
2011	1,307	0.742	0.147	0.307	0.643	0.763	0.858	0.999
2012	1,169	0.784	0.139	0.269	0.707	0.815	0.889	0.999
2013	1,177	0.636	0.134	0.222	0.543	0.642	0.728	0.975
合計	12,473	0.698	0.153	0.222	0.588	0.711	0.817	0.999

(注) 年度は4月開始。企業ボラティリティは市場モデルから算出されたFSV（=$1-R^2$）。

年度ごとの平均値に特に大きな差異は見られず、比較的安定している。**表6-1 (C)** は、ディスクロージャー量である。全体では平均値は21であり、年度ごとに大きな差異はない。分布は最小値1から最大値128まで散らばりがある。新聞報道数と比べると分散の度合いは小さい。これは、おそらく、メディア報道よりも、自発的裁量による情報開示の割合が少ないことによる。つまり、情報量としては、メディアカバレッジの方が特定企業への集中度が高い。

表6-1 (D) は経営者予想誤差の基本統計である。過去3年誤差の対総資産で測った比率は、平均値で0.016、中央値で0.010である。**表6-1 (E)** の予想バイアス（＝実現値−予想値）は、全サンプルにおいて、−0.0076の負値であり、平均的には過大な予想つまり、楽観的な予想の方向へバイアスがある。バイアスは、2006年度、2007年度での楽観バイアスが比較的小さい期間から、2009年度、2010年度の楽観バイアス規模が大きな期間までばらつきが見られる。各コントロール変数の基本統計は**表6-1 (F)** に掲載している。

表6-1 (B) メディアカバレッジ（MEDIA）の基本統計

年度	N	平均値	標準偏差	最小値	第1四分位	中央値	第3四分位	最大値
2004	1,186	35.01	62.16	3	12	18	31	889
2005	1,223	38.16	70.86	4	12	18	34	1,081
2006	1,241	38.72	68.91	4	12	18	35	1,044
2007	1,241	35.98	60.11	5	12	18	33	821
2008	1,304	34.47	57.39	3	12	18	34	973
2009	1,315	33.16	57.63	1	11	17	31	1,104
2010	1,310	32.81	57.81	4	11	16	31	919
2011	1,307	35.08	75.72	4	11	16	31	1,084
2012	1,169	32.48	65.26	4	10	16	29	1,068
2013	1,177	31.39	59.34	4	10	15	28	969
合計	12,473	34.73	63.81	1	11	17	31	1,104

(注) 年度は4月開始。メディアカバレッジは、企業ごとの日本経済新聞の掲載記事数。

表6-1 (C) ディスクロージャー頻度（DISCL）の基本統計

年度	N	平均値	標準偏差	最小値	第1四分位	中央値	第3四分位	最大値
2004	1,186	19.43	9.00	1	13	17	23	80
2005	1,223	20.71	9.91	8	14	18	24	79
2006	1,241	24.62	10.51	10	18	22	29	109
2007	1,241	23.28	11.43	7	16	21	28	112
2008	1,304	22.96	9.97	8	16	21	27	112
2009	1,315	21.58	9.74	7	15	19	25	77
2010	1,310	19.31	9.47	5	13	17	23	90
2011	1,307	19.33	11.10	4	12	16	23	107
2012	1,169	19.58	12.18	5	12	16	23	128
2013	1,177	20.10	12.46	5	13	17	23	117
合計	12,473	21.10	10.77	1	14	19	25	128

(注) 年度は4月開始。ディスクロージャー頻度は，東証TDnetの適時開示データより作成。

表6-1 (D) 経営者利益予想誤差（FE_NPRO）

年度	N	平均値	標準偏差	最小値	第1四分位	中央値	第3四分位	最大値
2004	1,186	0.0165	0.0172	0.0003	0.0057	0.0110	0.0214	0.1310
2005	1,223	0.0130	0.0149	0.0004	0.0044	0.0079	0.0156	0.1317
2006	1,241	0.0119	0.0142	0.0005	0.0040	0.0077	0.0140	0.1163
2007	1,241	0.0120	0.0141	0.0004	0.0042	0.0074	0.0140	0.1263
2008	1,304	0.0130	0.0141	0.0004	0.0045	0.0088	0.0160	0.1314
2009	1,315	0.0216	0.0199	0.0005	0.0078	0.0157	0.0282	0.1186
2010	1,310	0.0234	0.0215	0.0005	0.0083	0.0167	0.0309	0.1249
2011	1,307	0.0225	0.0206	0.0007	0.0078	0.0163	0.0304	0.1264
2012	1,169	0.0144	0.0154	0.0005	0.0055	0.0099	0.0178	0.1273
2013	1,177	0.0136	0.0138	0.0005	0.0052	0.0097	0.0171	0.1123
合計	12,473	0.0163	0.0174	0.0003	0.0054	0.0104	0.0203	0.1317

(注) 年度は4月開始。当期純利益の会社発表予想誤差（＝絶対値［実現値－予想値］／総資産）の過去3年平均値。

表6-1 (E) 経営者利益予想バイアス (FB_NPRO)

年度	N	平均値	標準偏差	最小値	第1四分位	中央値	第3四分位	最大値
2004	1,186	−0.0109	0.0179	−0.1170	−0.0158	−0.0060	−0.0005	0.0261
2005	1,223	−0.0047	0.0155	−0.0899	−0.0075	−0.0010	0.0030	0.0266
2006	1,241	−0.0018	0.0152	−0.1049	−0.0047	0.0007	0.0053	0.0267
2007	1,241	−0.0025	0.0156	−0.1073	−0.0053	0.0004	0.0051	0.0261
2008	1,304	−0.0044	0.0153	−0.1125	−0.0078	−0.0014	0.0032	0.0269
2009	1,315	−0.0153	0.0204	−0.1186	−0.0228	−0.0097	−0.0028	0.0264
2010	1,310	−0.0153	0.0218	−0.1228	−0.0213	−0.0085	−0.0021	0.0256
2011	1,307	−0.0126	0.0199	−0.1186	−0.0185	−0.0066	−0.0007	0.0268
2012	1,169	−0.0033	0.0163	−0.1142	−0.0067	−0.0001	0.0048	0.0269
2013	1,177	−0.0036	0.0155	−0.1119	−0.0076	−0.0008	0.0042	0.0270
合計	12,473	−0.0076	0.0183	−0.1228	−0.0122	−0.0029	0.0023	0.0270

(注) 年度は4月開始。当期純利益の会社発表予想バイアス (=[実現値−予想値]/総資産)の過去3年平均値。

表6-1 (F) その他の変数

年度	N	平均値	標準偏差	最小値	第1四分位	中央値	第3四分位	最大値
lnSD_ROE	12,473	−3.397	1.083	−7.042	−4.120	−3.486	−2.744	4.931
CORR_ROE	12,473	0.332	0.548	−0.999	−0.082	0.483	0.814	1.000
ΔROE	12,473	−0.001	0.119	−0.936	−0.024	0.001	0.022	1.022
lnASSET	12,473	11.692	1.381	8.073	10.737	11.464	12.437	17.385
MEDIA [front]	12,473	1.473	6.484	0	0	0	1	263
MEDIA [nofront]	12,473	33.257	58.804	1	11	17	31	1,051
MEDIA [figure]	12,473	9.767	4.309	0	7	9	11	45
MEDIA [short]	12,473	1.387	3.999	0	0	1	2	205
MEDIA [middle]	12,473	18.594	45.730	0	2	6	16	813
MEDIA [long]	12,473	4.982	15.543	0	0	1	4	323

(注) lnSD_ROE:ROEの過去5年標準偏差(対数値)。CORR_ROE:企業ROEと市場ROEの過去5年相関係数。ΔROE:ROEの対前年度変化幅。lnASSET:総資産(百万円)の対数値。MEDIA [front]:第一面記事数。MEDIA [nofront]:第一面以外の記事数。MEDIA [figure]:「数表」「会社人事」の記事数。MEDIA [short]:100文字までの記事数。MEDIA [middle]:100～1,000文字までの記事数。MEDIA [long]:1,000文字を超える記事数。

4.2 基礎的な実証結果：メディアと情報開示の効果

表6-2はベースラインとなる回帰分析結果である。推定方法は，企業固定効果モデルであり，年次ダミーを含んでいる。主な結果として，メディアカバレッジは，FSVに対して，統計的に有意な正値を示している。つまり，新聞記事報道の増加は，企業固有ボラティリティを高める。これは，マスメディアによる情報提供機能仮説を支持しており，活発な報道は，企業固有情報が強く株価に反映する方向で機能している。ディスクロージャー数の効果は，正の推

表6-2 FSV の基礎的な回帰分析結果

	(1)	(2)	(3)	(4)
lnMEDIA	0.2407***	0.2428***	0.2545***	0.0284
	[10.05]	[10.14]	[10.69]	[0.45]
lnDISCL	0.0046	0.0053	0.0113	−0.2261***
	[0.21]	[0.24]	[0.52]	[−3.42]
lnMEDIA×lnDISCL				0.0771***
				[3.79]
FE_NPRO		−1.3618***	−1.9580***	−1.9788***
		[−2.67]	[−3.42]	[−3.47]
FB_NPRO_D		−0.0129	−0.0056	−0.008
		[−0.87]	[−0.38]	[−0.53]
lnSD_ROE			−0.0059	−0.0062
			[−0.51]	[−0.53]
CORR_ROE			−0.0680***	−0.0664***
			[−4.29]	[−4.20]
ΔROE			0.1421**	0.1406**
			[2.37]	[2.35]
lnASSET			−0.3432***	−0.3413***
			[−6.84]	[−6.83]
adj.R^2	0.338	0.338	0.345	0.346
F-value	499.45***	423.51***	338.04***	321.11***
N	12,473	12,473	12,473	12,473

(注) 従属変数は logFSV：企業固有ボラティリティ。MEDIA：メディアカバレッジ。DISCL：ディスクロージャー頻度。FE_NPRO：当期純利益の予想誤差。FB_NPRO_D：当期純利益の予想バイアスのダミー変数。その他変数は本文参照。企業固定効果モデルで推定。t値は cluster robust S.E. に基づく。*，**，***，それぞれ，10％，5％，1％水準で有意。年度ダミーの結果は掲載を省略。

定係数を示しているが，規模も小さく，統計的に有意な水準ではない（モデル(1),(2),(3)）。企業による多数の情報開示は，企業固有情報を伝達する効果は小さいのかもしれない。第2章での結果と合わせると，マスメディア効果は，企業自身による情報開示をコントロールしてなお存在しており，その効果の頑健性を示している。単位記事あたりの情報量が異なるため，それぞれのFSVへの効果比較を正確に行うのは難しいが，標準化された数値での試算では，MEDIAの1 SD（標準偏差）の増加に対して，logFSVは0.24 SD増加する。DISCLの1 SD増加に対しては，FSVの増加は，0.005 SDであり，小さな値を示している。効果の規模としてはメディアカバレッジの方がディスクロージャーよりも相対的に大きい。また，モデル(4)のMEDIAとDISCLの交差項は，統計的に有意にプラスの係数である。したがって，両者は相乗効果的に企業固有情報の反映を促進する傾向がある。他方で，このモデルでのDISCLの単独項は，有意にマイナスの係数を示している。ディスクロージャー情報の独立した効果では，市場共通または産業共通情報を伝達する機能の方が大きいのかもしれない。つまり，Patton and Verardo (2012) での結果と類似して，利益や決算などの主要な会計情報は，投資家が市場全般の見通しや業界内の将来収益性を学習・判断する材料となっている可能性を示唆する。または，Dasgupta et al. (2010) の結論からすると，タイムリーな開示情報の株価反映は，サプライズを抑制することで，FSVを低下させている可能性もある。

次に，ディスクロージャー情報信頼性の代理変数としての予想正確性について見ると，当期純利益の予想誤差（FE_NPRO）の推定係数は，負値であり統計的にも有意である。したがって，誤差が大きい，つまり，信頼性の低い情報提供を行っている企業では，株価の企業固有情報を反映する程度は減退する。公開される情報量だけでなく，情報の品質もまた重要であることを示唆している。予想バイアス（FB_NPRO_D）については，推定係数は負値を示しているが，統計的に有意ではない。

その他のコントロール変数の結果を整理すると，利益の相関（CORR_ROE）は，負値で有意な推定係数を示しており，個別企業のファンダメンタルが市場

全体の景況と相関しているとき，株価の同調性もまた高まる（FSVは低下）。利益業績の増加（ΔROE）は，FSVを高めており，好業績企業では，より強く企業固有情報を反映している。企業規模（ASSET）は，FSVとは負の相関があり，事前の予測と一致して，企業内の事業分散効果は，株価の同調性を高めている。

ここまで見たように，2004年度から2013年度までの10年間のサンプルをプールした結果では，メディアカバレッジで見た公開情報量増加は，FSVを高めていた。他方で，企業開示情報は，統計的に有意性が低い，曖昧な結果であった。そこで，推定結果の頑健性をチェックするために，年度別にサブサンプル分割した分析を行う。**表6-3**は，その結果を示している。MEDIAの推定係数は，個々の年度で見ても，全般的に正値かつ統計的に有意であるケースが多数を占めている。推定係数の大きさは，0.1から0.4程度まで幅はある。また，2010年度は，推定符号はプラスであるが規模は小さく，かつ統計上有意な水準ではない。DISCLは，全般的には，情報開示量の増加がFSVを向上させる効果を示しているが，一部に有意ではない年度も存在する。全サンプル結果での，非有意な推定係数は，年度ごとの推定誤差のばらつきに由来しているのかもしれない。係数の規模は，有意なケースで，0.1から0.2程度までの幅である。2010年度，2011年度の推定係数は，統計的に有意ではないため，やや曖昧な結果である。2010年度に起きた大きな事象としては，2011年3月の大規模震災がある。巨大災害が，サンプル企業全体の株価同調性を高めている可能性もある。利益予想精度の効果についても，全体的に，年度ごとに異なるパターンを示している。経営者予想誤差FE_NPROは，2009年から2012年までは，負値で統計的に有意であり，信頼性の高いディスクロージャーがFSVを高めるという予想と整合的である。しかし，2005年，2007年，2008年では，正値で有意な結果であり，反対の結果を示している。予想バイアスFB_NPRO_Dは，2006年から2008年において，負値で有意であり，保守的な予想がFSVを高めるという予想とは一致しない。その他の年度では，正値の推定係数も見られるが，統計的に有意な水準ではない。年度ごとに幅のある推定結果の考えられる理由と

表 6-3 年度別の FSV 回帰分析結果

年度	2004	2005	2006	2007	2008
lnMEDIA	0.1656***	0.1598***	0.1504***	0.3241***	0.1965***
	[4.21]	[4.82]	[4.88]	[8.87]	[4.55]
lnDISCL	0.0958*	0.1358***	0.1806***	0.0737	0.1165**
	[1.91]	[2.64]	[3.53]	[1.55]	[2.15]
FE_NPRO	−0.748	2.6982*	0.1078	4.7373***	4.1594*
	[−0.41]	[1.92]	[0.07]	[2.86]	[1.95]
FB_NPRO_D	0.0641	0.0287	−0.1739***	−0.1377***	−0.2401***
	[1.33]	[0.82]	[−4.93]	[−3.40]	[−6.60]
adj.R^2	0.235	0.201	0.278	0.244	0.323
F-value	45.42***	41.53***	59.85***	46.16***	74.77***
N	1,186	1,223	1,241	1,241	1,304

	2009	2010	2011	2012	2013
lnMEDIA	0.3101***	0.011	0.3658***	0.4106***	0.1300***
	[5.52]	[0.27]	[6.20]	[6.76]	[4.30]
lnDISCL	0.2534***	−0.0128	0.0618	0.2241***	0.0819**
	[3.24]	[−0.21]	[1.15]	[4.31]	[2.56]
FE_NPRO	−4.2011**	−6.3983***	−10.4277***	−3.5145*	−0.6633
	[−2.29]	[−3.05]	[−6.81]	[−1.90]	[−0.44]
FB_NPRO_D	−0.0789	0.0687	0.0628	0.0351	0.0093
	[−1.01]	[0.90]	[1.11]	[0.66]	[0.30]
adj.R^2	0.283	0.127	0.258	0.317	0.377
F-value	50.64***	22.76***	66.24***	66.55***	92.95***
N	1,315	1,310	1,307	1,169	1,177

(注) 従属変数は logFSV：企業固有ボラティリティ。MEDIA：メディアカバレッジ。DISCL：ディスクロージャー頻度。FE_NPRO：当期純利益の予想誤差。FB_NPRO_D：当期純利益の予想バイアスのダミー変数。その他変数定義は本文参照。企業固定効果モデルで推定。t 値は cluster robust S.E. に基づく。*，**，***，それぞれ，10％，5％，1％水準で有意。その他コントロール変数，年度ダミーの結果は掲載を省略。

して，予想精度は，サンプル期間ごとに異なる市場全体の不確実性や業界動向の変化など，時系列的に変動する要素に影響されやすいのかもしれない。

メディア報道量に関して，上記のベースとなるモデルでは，直接に記事数を用いて，完全に線形なモデルをフィットさせていた。しかし，MEDIA の基本統計では，分布は右側の裾野が長い形状を示している。そこで，特定の企業・

表6-4　メディアカバレッジの代替的モデル

	(1)		(2)
MEDIA [0-10]	0.0373***	MEDIA (/100)	0.5277***
	[4.90]		[7.18]
MEDIA [10-20]	0.0147***	MEDIA^2 (/10000)	−0.0405***
	[4.81]		[−5.61]
MEDIA [20-30]	0.0132***		
	[3.57]		
MEDIA [30-50]	0.0047*		
	[1.78]		
MEDIA [50-100]	0.0059***		
	[4.40]		
MEDIA [100+]	0.0008***		
	[2.92]		
lnDISCL	0.0114	lnDISCL	0.0522**
	[0.52]		[2.45]
FE_NPRO	−1.9441***	FE_NPRO	−1.9155***
	[−3.40]		[−3.34]
FB_NPRO_D	−0.0056	FB_NPRO_D	−0.0068
	[−0.37]		[−0.45]
adj.R^2	0.345		0.342
F-value	262.56***		312.90***
N	12,473		12,473

(注)　従属変数は，logFSV：企業固有ボラティリティ。MEDIA [a-b]：記事数がaからbの範囲をとる区間のメディアカバレッジ。DISCL：ディスクロージャー頻度。FE_NPRO：当期純利益の予想誤差。FB_NPRO_D：当期純利益の予想バイアスのダミー変数。その他変数定義は本文参照。企業固定効果モデルで推定。t値はcluster robust S.E. に基づく。*，**，***，それぞれ，10％，5％，1％水準で有意。その他コントロール変数，年度ダミーの結果は掲載を省略。

期間での集中的なメディア報道がFSVに与える効果を，推定モデルの定式化を変えてテストする。MEDIAをその大きさごとに分割した区間ごとに異なる推定係数をとりうるモデルを分析する（区間線形回帰モデル）。具体的には，MEDIA [1-10] は，記事が1以上で10未満，MEDIA [10-20] は10以上20未満，MEDIA [20-30] は20以上30未満，MEDIA [30-50] は30以上50未満，MEDIA [50-100] は50以上100未満，MEDIA [100+] は100以上の区間に相当する。**表6-4** のモデル (1) の結果から，記事数が相対的に少ない区間領域において，MEDIAの限界効果は高いことがわかる。つまり，報道が少ない水

準では，追加1単位の報道記事の発信は，企業固有情報として株価に反映されるが，報道数が大きくなると，市場共通情報（market-wide information）として織り込まれる部分が高まっている。つまり，顕著にマスメディアから注目を集めている企業の場合，その追加的な報道内容は，市場全般の情報を含んでいる。あるいは，別の可能性としては，ある企業への集中的な報道によって，投資家は他企業の価値を判断する外部性・学習効果が働いているかもしれない（Patton and Verardo（2012））。メディア効果の逓減は，**表6-4**のモデル（2）のMEDIAの二乗項を含むモデルでも確認できる。つまり，MEDIAの一次項は，ベースラインの結果と同様に，正値であるが，二乗項MEDIA^{2}の推計係数は負値であり，メディアカバレッジ増加に伴い，その限界効果は弱くなる。

4.3　第一面記事効果：投資家注意力仮説

　マスメディアによる投資家注意力仮説を考察するために，第一面の記事数を分離してカウントした分析結果が**表6-5**である。MEDIA［front］は，新聞第一面に掲載された記事数であり，MEDIA［nofront］は，一面以外の記事数である。第一面とそれ以外のメディア効果には大きな差異が観察される。結果から，モデル（1）のMEDIA［front］の推定係数は，正値であるがスケールは小さく，統計的に有意ではない。他方で，MEDIA［nofront］の推定係数は，正値で有意である。つまり，第一面以外では，その情報量増加は，株価が企業固有情報を織り込むことに貢献しているが，第一面では，結果は曖昧である。次に，MEDIA［front］のFSV低下効果を詳しく見るために，別のモデルによる推定も追加して行った。MEDIA［front］の分布は，平均値は1.4であるが，中央値はゼロであり，多数の企業は，第一面掲載記事数ゼロ値をとっている（**表6-1　（F）**）。当然のことではあるが，第一面に掲載されるサンプルはごく一部に限られているため，右側裾野の長い分布となる。これを考慮して区間回帰モデルで定式化した。MEDIA［front: a-b］の変数表記は，一面記事の中で，記事数がaからbまでの区間で変換されたメディアカバレッジである。モデル（2）によると，興味深いことに，一面記事数ゼロから40までの区間では，

表6-5　第一面掲載記事による投資家注意力効果

	(1)		(2)
lnMEDIA [front]	0.0080	MEDIA [front:0-1]	0.0035
	[0.46]		[0.20]
lnMEDIA [nofront]	0.2731***	MEDIA [front:1-10]	−0.0006
	[10.29]		[−0.09]
		MEDIA [front:10-20]	0.0122
			[0.95]
		MEDIA [front:20-40]	0.0046
			[0.56]
		MEDIA [front:40-50]	−0.0227**
			[−2.07]
		MEDIA [front:50+]	−0.0019***
			[−3.23]
		lnMEDIA [nofront]	0.2717***
			[10.12]
lnDISCL	0.0102	lnDISCL	0.0107
	[0.47]		[0.49]
FE_NPRO	−1.9692***	FE_NPRO	−1.9636***
	[−3.44]		[−3.43]
FB_NPRO_D	−0.006	FB_NPRO_D	−0.0062
	[−0.40]		[−0.41]
adj.R^2	0.345	adj.R^2	0.345
F-value	320.39***	F-value	253.42***
N	12,473	N	12,473

（注）従属変数は，logFSV：企業固有ボラティリティ。MEDIA [front] は，新聞一面記事でのメディアカバレッジ。MEDIA [nofront]：第一面以外でのメディアカバレッジ。MEDIA [front:a-b]：第一面記事のうち，aからbの範囲をとる区間のメディアカバレッジ。DISCL：ディスクロージャー頻度。FE_NPRO：当期純利益の予想誤差。FB_NPRO_D：当期純利益の予想バイアスのダミー変数。その他変数定義は本文参照。企業固定効果モデルで推定。t値は cluster robust S.E. に基づく。*，**，***，それぞれ，10％，5％，1％水準で有意。その他コントロール変数，年度ダミーの結果は掲載を省略。

推定係数はいずれも有意ではないが，記事数の多い区間での，MEDIA [front: 40-50] と MEDIA [front: 50+] では，負値で有意である。つまり，関連する一面記事数が多いとき，読者・投資家の注意を引きつけるタイプの情報は，記事に取り上げられた企業だけでなく，市場や産業全般に関わる情報を伝達しているようである。または，Huberman and Regev（2001）での研究開発ニュースの業界波及効果として示されたケースと類似して，新聞記事の一面で大々的

に報道されるケースは，同種の業界や市場全体への伝染効果（contagion）が強いのかもしれない。

4.4 情報再分配と情報生産

　メディアによる情報再分配（information redistributio）と情報生産機能（information production）を識別するために，記事の情報量を文字数で計測しグループ化した。MEDIA［figure］は，決算短信等の「数表」と「会社人事」の定型的な記事数である。MEDIA［short］は，上記の定型記事を除く，文字数100文字以下の短い記事数である。MEDIA［middle］は，同様に，文字数100から1,000までの中程度の長さの記事数である。MEDIA［long］は，文字数1,000を超える文字情報量の多い記事数である。推定結果は**表6-6**に掲載している。メディアカバレッジを対数変換しないモデル（1）では，定型的な速報ニュースMEDIA［figure］の推定係数は，正値で統計的に有意である。つまり，解説記事としての情報を含まない報道によるメディアカバレッジのFSV向上効果は強い。また，比較的短い文字情報量のニュースMEDIA［short］も，有意にFSVを高める傾向をもつ。係数の規模の直接的比較では，MEDIA［figure］とMEDIA［short］の効果はほぼ同じである。他方で，中位と高位の文字情報記事数であるMEDIA［middle］とMEDIA［long］の推計係数は，統計的に有意ではなく，メディアのFSV向上効果を生み出す原動力とはなっていない。対数変換後のモデル（2）では，4つのメディア変数すべてで統計的に有意に正値を示している。効果の規模については，lnMEDIA［short］の係数が最も大きく，次いで，lnMEDIA［figure］が続く。対数変換された変数なので，直接的な規模の比較は難しいが，速報タイプのニュースの効果が比較的大きいようである[4]。（1）と（2）から全体として，Bushee *et al.*（2010）やDrake *et al.*（2014）で報告された速報ニュースの情報伝達効果と一致している。

第6章 企業固有ボラティリティ（FSV）の要因分析：追加的検証   173

表6-6　新聞記事情報量の効果

	(1)		(2)
MEDIA [figure]	0.0090***	ln MEDIA [figure]	0.0843***
	[3.36]		[2.71]
MEDIA [short]	0.0091***	ln MEDIA [short]	0.1255***
	[3.00]		[9.71]
MEDIA [middle]	0.0005	ln MEDIA [middle]	0.0621***
	[0.64]		[5.25]
MEDIA [long]	0.0027	ln MEDIA [long]	0.0517***
	[1.35]		[3.84]
lnDISCL	0.0619***	lnDISCL	0.007
	[2.80]		[0.32]
FE_NPRO	−1.8393***	FE_NPRO	−2.0066***
	[−3.20]		[−3.53]
FB_NPRO_D	−0.0048	FB_NPRO_D	−0.0067
	[−0.32]		[−0.45]
adj.R^2	0.340	adj.R^2	0.349
F-value	281.78***	F-value	294.91***
N	12,473	N	12,473

（注）従属変数は，logFSV：企業固有ボラティリティ。MEDIA [figure]：「数表」「会社人事」を含む記事数。MEDIA [short]：文字数0から100までの記事数。MEDIA [middle]：文字数100から1,000までの記事数。MEDIA [long]：文字数1,000を超える記事数。DISCL：ディスクロージャー頻度。FE_NPRO：当期純利益の予想誤差。FB_NPRO_D：当期純利益の予想バイアスのダミー変数。その他変数定義は本文参照。企業固定効果モデルで推定。t値はcluster robust S.E. に基づく。*, **, ***, それぞれ，10％，5％，1％水準で有意。その他コントロール変数，年度ダミーの結果は掲載を省略。

4.5　株主タイプとマスメディア効果

　マスメディアの情報伝達効果は，独自の情報獲得・処理能力に制約の強い個人投資家にとって安価かつ容易にアクセスできる点で特に有益である。また，注意力喚起効果も，組織的な情報処理体制を利用できる機関投資家よりも，個人投資家にとって重要度が高い。本章の研究では，個々の取引主体を識別することは不可能であるため，株主構成データを使った分析を行う。まず，個人株主比率を四分位し，Q1からQ4のサブサンプルごとの推定を行った。表6-7（A）の結果を見ると，4つのグループすべてで，MEDIAの推定係数はプラスになっており，ベースラインの結果と一致している。係数の大きさには

表6-7　株主タイプの効果

	(A) 個人株主比率				(B) 外国人株主比率			
	Q1	Q2	Q3	Q4	Q1	Q2	Q3	Q4
lnMEDIA	0.1545***	0.2370***	0.1986***	0.3852***	0.3724***	0.2502***	0.1578***	0.1721***
	[3.22]	[5.31]	[4.45]	[7.39]	[6.59]	[4.46]	[3.63]	[3.53]
lnDISCL	0.0665	0.0402	0.1037**	−0.1253**	−0.0533	0.0661	0.0209	0.0359
	[1.44]	[0.96]	[2.09]	[−2.50]	[−0.95]	[1.41]	[0.49]	[0.83]
FE_NPRO	−4.1886***	−3.0545***	−1.398	−1.6572*	−0.0225	−3.7785***	−2.4103*	−3.2917***
	[−3.34]	[−2.96]	[−0.92]	[−1.67]	[−0.02]	[−3.01]	[−1.77]	[−3.07]
FB_NPRO_D	−0.0271	−0.0093	−0.0491	0.0024	−0.0353	−0.0539*	−0.0008	−0.0349
	[−1.01]	[−0.33]	[−1.40]	[0.07]	[−1.00]	[−1.80]	[−0.03]	[−1.29]
adj.R^2	0.354	0.365	0.385	0.37	0.382	0.379	0.399	0.343
F-value	99.13***	90.03***	92.10***	86.64***	100.34***	84.54***	78.06***	81.28***
N	3,111	3,104	3,103	3,108	3,112	3,107	3,106	3,112

(注)　従属変数はlogFSV：企業固有ボラティリティ。各持株比率によって四分位したサブサンプルごとの推定結果。MEDIA：メディアカバレッジ。DISCL：ディスクロージャー頻度。FE_NPRO：当期純利益の予想誤差。FB_NPRO_D：当期純利益の予想バイアスのダミー変数。その他変数定義は本文参照。企業固定効果モデルで推定。t値はcluster robust S.E.に基づく。*，**，***，それぞれ，10％，5％，1％水準で有意。その他コントロール変数，年度ダミーの結果は掲載を省略。

差異が見られ，最も個人株主比率が高い第4グループ（Q4）で，0.385で最も大きな規模である。第1（Q1）から第3（Q3）のグループでは，係数は0.1から0.2前後の値である。4つのグループ間で，個人株主比率に完全に比例した結果とは言えないが，個人株主が最大グループでの最大効果という意味では，個人投資家の情報制約・注意力制約に起因するマスメディア効果を部分的に支持している。

次に，補足的に，外国人持株比率を使って，マスメディア効果を検証する。本章で利用する日経新聞による報道記事は，国内向けメディアであるから，基本的に日本人の読者が大宗を占めると想定できる。したがって，ここでのメディアカバレッジ効果が本当に新聞媒体によるのであれば，外国人比率の増加は，FSVへの影響を減退させると予想される。表6-7（B）の結果から，外国人構成比率の高いグループでは，マスメディア効果の低下が観察できる。特に，最も外国人比率が少ないグループ（Q1）では，推定係数は最大の0.372と

なっている。

5 まとめ：マスメディアによる注意喚起効果

　本章では，企業固有ボラティリティ（FSV）のマスメディア効果に関して，第2章での単年度での分析を拡張して，10年間のサンプル期間での推定を行った。また，マスメディア効果をより適切に識別するために，ディスクロージャー変数を加味した分析を行った。主な結果として，ほぼ第2章での結果と一致して，マスメディアによる報道量増加は，企業固有情報の株価反映度を高めることが確認された。これは，企業自身によるディスクロージャーのFSV向上効果をコントロールした後の結果であり，頑健性は高い。他方で，ディスクロージャー信頼性の代理変数として用いた経営者予想誤差については，第2章の結果と比較すると，年度ごとにばらつきのある曖昧な結果となった。利益予想については，より正確な分析のため，期間によって異なる市場・産業内の不確実性を調整する必要があるかもしれない。

　新しい試みとして，3点の追加分析も実施した。第1に，投資家注意力仮説のテストでは，事前の予測に反して，最も目立つポジションである新聞第一面への掲載増加は，FSVを高めないという結果を得た。メディア上での極度に大きな扱いは，企業固有情報の伝達よりもむしろ，業界・市場内での伝染効果（contagion），または産業内・市場内情報の学習効果を強める可能性を示唆している。第2に，文字情報量の多い調査解説記事よりも定型的な速報ニュースの方が，企業固有情報を伝達する効果が強い。情報量の大きな記事は，相対的に多くの市場全体や業界情報を含んでいるのかもしれない。第3に，部分的にではあるが，個人株主比率の高い企業群では，メディアカバレッジのFSV向上効果が強いことを確認した。マスメディアの投資家注意力を引きつける影響力は，特に個人投資家に強いことが示唆される。

●注

1 第2章では,他の3つの業界紙(日経金融新聞・日経産業新聞・日経流通新聞)を含む日経4紙を採用していたが,ここでの追加分析では,投資家への注意喚起効果を重点的に分析するために,日本経済新聞のみに限定している。また,技術的な理由として,日経金融新聞が2007年度(2008年1月)廃刊となり,日経ヴェリタスが後継となったが,日経テレコン21の基礎サービスには含まれていないこともある。
2 ROEの定義に準じて,当期純利益を純資産額で標準化する方法もありうるが,総資産額の方が純資産額よりも安定的であるため,こちらを採用している。
3 2009年から2012年(および全サンプル)のFSV最大値は,誤解を避けるため,四捨五入で丸めた表記1.000とせずに,小数点以下第4位を切り捨てて0.999としている。
4 対数変換する場合には,1を足している。

第7章

本書のまとめと今後の発展

1 本書全体の実証結果のまとめ

　本書は，日本の株式市場における株価の情報反映度（informativeness）を，マスメディア報道による影響を中心に，企業ディスクロージャーのあり方，コーポレートガバナンスの状況も踏まえつつ，情報伝達プロセスの視点から実証的に分析した。ファイナンス分野や会計学分野では，伝統的に，アナリストによる予想情報提供，金融機関による情報生産などの，金融専門機関による情報機能の研究が数多く蓄積されてきた。他方で，本書が特に重要視するマスメディアは，社会的な情報提供を使命とする機関でありながら，ファイナンス分野では相対的にその役割の分析が見過ごされてきた。そこで，企業－投資家間の情報非対称性問題や行動ファイナンス論での知見を基礎にして，マスメディアによる広範な公開情報提供という社会的機能が，投資行動，ひいては，株価変動へ及ぼす経済的効果を考察した。

　主な結果をまとめると，本書前半部において，情報効率性の改善機能とクラッシュ増幅機能の観点から，マスメディア効果の二面性が明らかになった。第2章では，新聞報道量で測った公開情報量の増加は，企業情報を株価が反映する程度（企業固有ボラティリティ：FSV）を高めている。これは，マスメディアによる広範な投資家層への情報伝達が，企業情報の効率的な活用に貢献するポジティブな役割を示している。経営者予想精度を用いたディスクロージャー情報の信頼性向上もまた，FSVを高めることを確認した。第3章では，

個別企業レベルでの株価の急落（クラッシュ）現象を素材として，マスメディアの情報提供の負の側面を捕捉している。経済記事の増加やその集中度上昇は，クラッシュ頻度を有意に高める。この結果は，公開情報のスムーズな反映促進というよりもむしろ，報道量の偏りによる株価の急変や投資家センチメント効果による過剰反応と一致している。第4章では，投資家との情報ギャップが顕著なケースとして，新興企業向け市場東証マザーズを対象としている。ここでは，コーポレートガバナンスによる情報開示への規律づけ効果を念頭に置いた分析を行った。結果から，金融機関によるモニタリング機能は，株価のスムーズな情報反映には寄与していない。銀行による情報生産機能は，企業－銀行間の内部で利用されるに留まり，外部への逐次的な情報波及効果は観察されない。第5章では，企業の透明性や情報開示姿勢の低下が，利益や資本に起因する有形情報情報に代替して，株価の無形情報反映の規模を高めるという結果を得た。第6章では，FSVについて，拡張された期間で，マスメディア効果をテストし，メディアカバレッジの増加による企業固有情報の伝達機能向上を確認した。他方で，一部に，報道量が極度に大きなケースや一面記事報道での，市場共通情報の反映度上昇が見られた。

　本書において残された課題をまとめると，第1に，第1章でレビューしたマスメディア効果のうち，情報効率性と投資家センチメントについては，第2章と第3章での分析でカバーしているが，企業ガバナンスやメディア操作，内生性問題については，日本市場のデータではテストされていない。ガバナンス効果について，第4章のような株主による規律づけ効果の研究は多数あるが，マスメディアから企業への監視機能，その反対の，企業からマスメディアへの影響力行使に関する双方向の研究は，その社会的な重要性に比して，国内外で未だ少ない。また，本書での分析では，内生性コントロールが不十分な点がある。主要な複数の情報伝達経路として，マスメディアとディスクロージャーの両者を実証モデルに含めており，その点での一定のコントロールは意図している。しかし，より厳密な形で観測されない情報源効果を考慮するアプローチも望まれる。ただし，そのためには，非常にユニークな操作変数や限られた実験的環

境を必要とするためハードルは高い。第2に，本書では，ボラティリティなどのリターンの二次モーメント変数を用いているため，報道内容の価値判断（グッド情報とバッド情報の区別）には踏み込んでいない。テキスト分析を活用した研究もまた今後の課題である。第3に，サンプル期間の間隔が，本書では年次データに集約された変数を用いている。この場合，個々の情報流入が市場反応に与える効果についてノイズを含む可能性がある。メディアカバレッジやディスクロージャー変数は，日次レベルでの計測も可能であり，短期の株価情報反映度の分析もできる。第4に，マスメディアの影響を考察するとき，新聞等の活字メディアだけでなく，テレビ放送やインターネットなどの媒体も重要性が高い。特に，メディア市場では，放送事業はシェアが高く，そのため視聴者・投資家への影響力も大きい可能性がある。第3と第4の課題については，現在関連の共同研究も進行しているため，次節で簡潔に展望する。

2 今後の研究の展望

2.1 日次レベルの分析

本書では，株価の情報反映度および情報フロー変数を年次レベルで計測している。年次データの分析アプローチの問題点として，情報流入と株価変動との対応関係にノイズが入り込む余地が挙げられる。他方でニュースや情報開示は，もともとは日次レベルのデータであり，個々の情報に対する株価反応を見ることも可能である。ファイナンス実証研究の分野では，株式リターンのボラティリティ変動を時系列モデルで推定するアプローチが確立されている。そこに情報量を示す変数として取引高を導入する分析も多数ある（Lamoureux and Lastrapes（1990），Andersen（1996））。こうした時系列研究の多くは，日次や超高頻度の観測間隔が短いデータセットを用いて，株価指数や為替レートの時系列変数の変動をモデル化している。筆者の共同研究プロジェクトとして，Aman and Moriyasu（2017）は，東証一部上場の幅広い企業クロスセクショ

ンに対して，高頻度データから日次レベルでの実現ボラティリティと日次変動型のFSVを構築し，日々のマスメディア情報量とディスクロージャーの影響を分析している。このアプローチにより，公開情報流入に対する株価の情報反映度を精度高く推定できる。主な結果としては，ディスクロージャー情報の流入は実現ボラティリティを高める傾向を示しており，多くの先行研究によるニュース－ボラティリティの関係と一致している。他方で，より興味深い結果として，マスメディア報道は，実現ボラティリティを低下させており，企業情報の不確実性を低める効果と符合する。FSVに関しては，ディスクロージャーとマスメディア双方ともに，企業固有情報を反映する効果を示している。

2.2 多様なメディアと株式市場

各章の分析で取り上げたマスメディアは新聞媒体であり，ファイナンス分野のメディア効果研究の多くも，新聞・雑誌・ニュースワイヤなどの活字媒体を分析対象としている。他方で，社会全体では一般的に，テレビ放送はマスメディアの中でも最もプレゼンスの大きな媒体である。加えて，伝統的なマスメディア分類には含まれないが，インターネットの社会への普及は急速に進んでいる。図7-1（A）は，総務省のアンケート調査から，日本人のメディア接触時間を抜き出している。ここで明らかなように，テレビ視聴時間が圧倒的に大きく6割前後，インターネットは3割程度の時間を，1日のメディア利用の中で占めている。図7-1（B）は，広告費の，主要メディア別のシェアを示している。その中で，新聞は13％と一定の規模を維持している一方で，テレビ放送のシェアは5割，インターネットは3割を占めている。これらの数字は，放送メディアとインターネットの影響力の一端を示唆している。

アカデミックな研究としては，インターネットと放送メディアは，新聞など活字媒体と比して，その記録データへのアクセスが容易ではないため，技術的制約から先行研究は限られている。その中でも，海外・国内含めて，数は少ないながらも，インターネット情報の株式市場への効果研究は進展している。インターネット掲示板での情報は，書き込む主体も見る主体も，個人投資家と想

図7-1 (A) 利用時間で見たマスメディアの規模

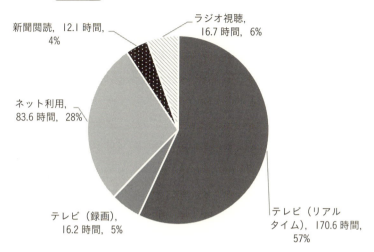

(出所)「平成26年情報通信メディアの利用時間と情報行動に関する調査」総務省情報通信政策研究所。平日1日の主なメディアの平均利用時間。N=3,000。

図7-1 (B) 媒体別広告費で見たマスメディアの規模

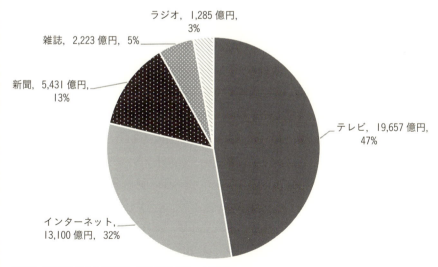

(出所)「2016年日本の広告費―媒体別広告費―」電通。
http://www.dentsu.co.jp/knowledge/ad_cost/2016/media.html

定できるため，理論上のノイズトレーダー（流動性トレーダー）の実際との対応物とみなせるメリットがある。Antweiler and Frank（2004）は，米国のインターネット株式掲示板の Yahoo! Finance と Raging Bull の書き込みを解析し，その内容は，部分的に将来リターンを予測できること，将来のボラティリティ・取引高と相関することを発見している。Antunovich and Sarkar（2006）は，インターネット上の銘柄推奨サイトでの情報を分析し，価格上昇や市場流動性の改善効果を発見している。日本の研究では，丸山他（2007）は，Yahoo! Finance 掲示板の投稿数やセンチメント指数が，リターン，ボラティリティや出来高と相関することを示している。日本の IPO 市場は特に個人投資家の参加が多く，ノイズトレーダーの分析に適している。高橋（2009）は，IPO 銘柄に着目し，Yahoo! Finance 掲示板への投稿数の増加が，IPO 初期収益率を高めるとともに，買い注文を活性化することを発見している。これは，個人投資家の注目度が価格形成に与える効果を示唆している。月岡（2015）は，Yahoo! Finance 掲示板書き込み量や強気指数が，IPO 後の取引を活性化することを示している。

テレビ放送は，新聞媒体よりも，速報性・リアルタイム性という特徴をもつ。Busse and Green（2002）は，米国 CMBC の有名番組 Morning Call でのアナリスト銘柄推奨を対象とした市場反応分析を行った。その結果では，推奨後の数秒単位での素早い価格反応が見られた。同様に，有名番組 Mad Money の司会者 Jim Cramer による銘柄推奨へのイベントスタディもいくつか実施されており，価格変化とその後の反転現象から，ノイズトレーダーによる取引の影響（投資家センチメント仮説）を論じている（Keasler and McNeil（2010），Engelberg et al.（2012））。Takeda and Yamazaki（2006）は，日本の NHK の「プロジェクト X」を素材に，番組に取り上げられた企業の株価が，放送直後に上昇する傾向を報告している。番組が放送する内容は，基本的には古い過去の情報であるにもかかわらず，市場反応が見られることは，投資家センチメント効果の観点から興味深い。

筆者らの共同研究は，現在，多様なマスメディアによる情報伝達経路が，株

式市場での価格形成や取引に与える影響に関して分析を進めている（春日・阿萬・森保（2014））。その中で，詳細な放送内容データベース（㈱エム・データ社提供）を活用し，テレビ番組での企業関連情報の提供と株式市場での取引・価格変化の関係を研究対象としている。新聞・雑誌などの活字メディアと比較すると，テレビメディアは，より広範な視聴者層をターゲットとしている反面，金融・経済に直接特化した情報は希薄である。しかしながら，その情報の娯楽性が個人投資家を引きつける効果がありうる。この点では，政治学・社会学分野で開発されているソフト情報とハード情報の概念が応用可能である（Baum and Jamison（2006）など）[1]。たとえば，政治議論とは直接関係ない政治家個人の情報番組での話題性提供が，投票行動や政治参加意識に影響することと類似して，投資とは直接関連しない企業の話題提供が，個人の投資参加に影響する可能性がある[2]。投資の娯楽的な側面の重要性を示唆する研究に Dorn and Sengmueller（2009）がある。そこでは，ドイツでのアンケート調査をもとに，投資を楽しむ性格やギャンブルを楽しむ性格の人は，売買頻度が高いことを発見している。テレビ情報の娯楽性による，実際の投資行動・価格形成への効果の分析は，今後取り組むべき興味深いテーマである。

2.3　企業広告による情報伝達プロセス

　企業情報の一般向けの情報伝達経路として，広告宣伝は主要な位置を占めている。企業広告は第一義的には，消費者向けの情報伝達であり，企業のファンダメンタル価値に関連する利益やリスク情報ではない。そのため，マーケティングでの広告研究は膨大な一分野を確立しているが，ファイナンス研究では考察の対象とはなりにくい。しかしながら，投資家の注意力制約仮説を想定すると，株価に無関連と思える広告は，マーケティングの副産物として，企業名や企業情報への注目度を高めることを通じて，投資家行動に影響を及ぼす可能性がある。Grullon et al.（2004）によると，広告費増加は，投資家認知度上昇と潜在的投資家ベース拡大を通じて，株式流動性を高める効果をもつ。近年では，Lou（2014）の研究によると，広告支出増加は，投資家認知度を高めることを

通じて,一時的に大きなリターン上昇を生むが,その後リターンは低い水準で推移する。これらの先行研究は,主に年次レベルの広告支出を変数として用いているが,筆者らの研究グループは,個々のテレビ広告データを使って,株式取引高への効果を検証している(Aman *et al.* (2017))。年次データ利用の際は,広告量変化と市場反応の対応関係を識別するうえで内生性問題に直面することになるが,日次の広告出稿と日次取引高のマッチングは,より正確な対応関係を推定できるメリットがある。また,通常の利益発表に代表される単発的なファイナンス情報とは異なり,広告情報には繰り返し同じ内容を発信するという大きな特徴がある。この反復パターンは,行動ファイナンスでも一定の研究成果のある親近性バイアスを強化する面がある(Huberman (2001))。一方で,マーケティング分野で論じられている摩耗効果(wear-out)と類似して,反復される情報に対する市場反応の減退に関して,投資行動分野での新たな知見を得られる。マスメディアと同じく,あるいは,それ以上にわれわれの身近にあふれる広告情報が,特に個人投資家の行動や価格形成に与える影響に関しても,研究を発展させる余地は大きい。

●注
1 本書第1章で整理した,金融情報に関する決算数値などのハード情報,解説記事などのソフト情報の概念とは異なる。
2 Thussu (2008) [p.7] では,ニュース情報番組での,情報(information)と娯楽性(entertainment)をミックスした"infortainment"の定義を整理している。たとえば,それは,多くの視聴者を引きつけるために,ニュースにおける政治面・公共問題よりも,有名人・犯罪・暴力のようなソフトニュース面を重視するスタイルを指す。

参考文献

阿萬弘行（2015）「企業情報の伝達プロセスと株式市場」日本応用経済学会監修，内田交謹・多和田眞・成生達彦・山田光男編『トピックス応用経済学Ⅰ 貿易，地域，産業，企業』勁草書房，232-248。

青木昌彦（1996）「メインバンク・システムのモニタリング機能としての特徴」青木昌彦・ヒューパトリック著，白鳥正喜監訳，東銀リサーチインターナショナル訳『日本のメインバンク・システム』東洋経済新報社，129-166。

伊藤邦雄（2008）「企業価値評価とディスクロージャー」柴健次・薄井彰・須田一幸編著『現代のディスクロージャー』中央経済社，72-88。

大鹿智基（2005）「株主総会活性化企業における経営者予想利益―予想利益の精度の変化と企業価値評価への影響」『會計』森山書店，168（6），879-894。

太田浩司（2005）「予想利益の精度と価値関連性―I/B/E/S，四季報，経営者予想の比較」『現代ファイナンス』18，141-159。

岡田克彦・羽室行信（2011）「相場の感情とその変動―自然言語処理で測定するマーケットセンチメントとボラティリティ」『証券アナリストジャーナル』49，37-48。

岡田克彦・佐伯政男（2014）「注意力の限界と Post-Earnings-Announcement-Drift」『証券アナリストジャーナル』52，72-81。

沖本竜義・平澤英司（2014）「ニュース指標による株式市場の予測可能性」『証券アナリストジャーナル』52，67-75。

春日教測・阿萬弘行・森保洋（2014）「メディア情報と利用者行動」日本民間放送連盟・研究所編『スマート化する放送―ICT の革新と放送の変容』三省堂，130-151。

加藤英明（2003）『行動ファイナンス―理論と実証』朝倉書店。

門脇徹雄・VBS 研究会 VC 分科会（2008）『ケースブック 上場ベンチャー企業の粉飾・不正会計失敗事例から学ぶ』中央経済社。

五島圭一・高橋大志（2016）「ニュースと株価に関する実証分析：ディープラーニングによるニュース記事の評判分析」『証券アナリストジャーナル』54，76-86。

宍戸善一・大崎貞和（2015）『ゼミナール金融商品取引法』日本経済新聞出版社。

シラー，ロバート著，植草一秀監訳，沢崎冬日訳（2001）『投機バブル 根拠なき熱狂（Irrational Exuberance）』ダイヤモンド社。

城下賢吾・森保洋（2009）『日本株式市場の投資行動分析』中央経済社。

スコット，ウィリアム著，太田康弘・椎葉淳・西谷順平訳（2008）『財務会計の理論と実証』中央経済社。

須田一幸・首藤昭信・太田浩司著，須田一幸編（2004）「ディスクロージャーが株主資本コストに及ぼす影響」『ディスクロージャーの戦略と効果』森山書店，9-43。

高橋陽二（2009）「インターネット掲示板は情報価値があるのか―新規公開の価格形成」証券経済学会第70回全国大会『証券経済学会年報』，153-158。

竹下俊郎（1998）『メディアの議題設定機能―マスコミ効果研究における理論と実証』学文社。
月岡靖智（2015）「インターネット掲示板における投資家心理とIPO後の株式売買」『証券アナリストジャーナル』53，38-46。
東京証券取引所上場部（2015）『会社情報適時開示ハンドブック（2015年6月版）』株式会社東京証券取引所。
日本証券業協会（2009）「新興市場のあり方を考える委員会報告書―新興市場の機能と信頼の回復に向けて」日本証券業協会，新興市場のあり方を考える委員会。
花崎正晴（2008）「日本の企業金融とガバナンス構造」花崎正晴『企業金融とコーポレート・ガバナンス―情報と制度からのアプローチ』東京大学出版会，177-232。
廣崎俊之（2012）「日本株式市場における短期固有ボラティリティ効果」『証券アナリストジャーナル』50，89-100。
松浦克己（2003）「企業金融・株式所有構造の変遷と企業業績への影響―地価依存と持ち合いの効果」花崎正晴・寺西重郎編『コーポレート・ガバナンスの経済分析―変革期の日本と金融危機後の東アジア』東京大学出版会，207-231。
丸山健・梅原英一・諏訪博彦・太田敏澄（2008）「インターネット株式掲示板の投稿内容と株式市場の関係」『証券アナリストジャーナル』46，110-127。
村宮克彦（2005）「経営者が公表する予想利益の精度と資本コスト」『証券アナリストジャーナル』9，83-97。
森脇敏雄（2016）「年次決算発表の集中化と利益情報に対する株価形成」『証券アナリストジャーナル』54，83-93。
吉本健一（2015）『会社法（第2版）』中央経済社。
米澤康博・宮崎政治（1996）「日本企業のコーポレート・ガバナンスと生産性」橘木俊詔・筒井義郎編著『日本の資本市場』日本評論社，222-246。

Aerts, W., Cormier, D., Magnan, M. (2007) The Association Between Web-Based Corporate Performance Disclosure and Financial Analyst Behaviour Under Different Governance Regimes. *Corporate Governance: An International Review* 15, 1301-1329.
Ahern, K.R., Sosyura, D. (2014) Who Writes the News? Corporate Press Releases during Merger Negotiations. *The Journal of Finance* 69, 241-291.
Ahern, K.R., Sosyura, D. (2015) Rumor Has It: Sensationalism in Financial Media. *Review of Financial Studies* 28, 2050-2093.
Ai, C., Norton, E.C. (2003) Interaction Terms in Logit and Probit Models. *Economics Letters* 80, 123-129.
Ajinkya, B., Bhojraj, S., Sengupta, P. (2005) The Association between Outside Directors, Institutional Investors and the Properties of Management Earnings Forecasts. *Journal of Accounting Research* 43, 343-376.
Akerlof, G.A. (1970) The Market for "Lemons": Quality Uncertainty and the Market Mechanism. *The Quarterly Journal of Economics* 84, 488-500.

Aman, H. (2011) Firm-Specific Volatility of Stock Returns, the Credibility of Management Forecasts, and Media Coverage: Evidence from Japanese Firms. *Japan and the World Economy* 23, 28-39.

Aman, H., Kasuga, N., Moriyasu, H. (2017) Corporate Advertisements and the Investor Attention Effect: Evidence from Television Commercials. Available at SSRN: https://ssrn.com/abstract=2991415

Aman, H., Moriyasu, H. (2017) Volatility and Public Information Flows: Evidence from Disclosure and Media Coverage in the Japanese Stock Market. *International Journal of Economics and Finance Forthcoming* 51, 660-676.

Aman, H., Nguyen, P. (2008) Do Stock Prices Reflect the Corporate Governance Quality of Japanese Firms? *Journal of the Japanese and International Economies* 22, 647-662.

An, H., Zhang, T. (2013) Stock Price Synchronicity, Crash Risk, and Institutional Investors. *Journal of Corporate Finance* 21, 1-15.

Andersen, T.G. (1996) Return Volatility and Trading Volume: An Information Flow Interpretation of Stochastic Volatility. *The Journal of Finance* 51, 169-204.

Ang, A., Hodrick, R.J., Xing, Y., Zhang, X. (2006) The Cross-Section of Volatility and Expected Returns. *The Journal of Finance* 61, 259-299.

Antunovich, P., Sarkar, A. (2006) Fifteen Minutes of Fame? The Market Impact of Internet Stock Picks. *The Journal of Business* 79, 3209-3251.

Antweiler, W., Frank, M.Z. (2004) Is All That Talk Just Noise? The Information Content of Internet Stock Message Boards. *The Journal of Finance* 59, 1259-1294.

Atiase, R.K. (1985) Predisclosure Information, Firm Capitalization, and Security Price Behavior around Earnings Announcements. *Journal of Accounting Research* 23, 21-36.

Azuma, T., Okada, K., Hamuro, Y. (2014) Is No News Good News?: The Streaming News Effect on Investor Behavior Surrounding Analyst Stock Revision Announcement. *International Review of Finance* 14, 29-51.

Baginski, S.P. (1987) Intraindustry Information Transfers Associated with Management Forecasts of Earnings. *Journal of Accounting Research* 25, 196-216.

Ball, R., Brown, P. (1968) An Empirical Evaluation of Accounting Income Numbers. *Journal of Accounting Research* 6, 159-178.

Barber, B.M., Loeffler, D. (1993) The "Dartboard" Column: Second-Hand Information and Price Pressure. *Journal of Financial and Quantitative Analysis* 28, 273-284.

Barber, B.M., Odean, T. (2000) Trading Is Hazardous to Your Wealth: The Common Stock Investment Performance of Individual Investors. *The Journal of Finance* 55, 773-806.

Barber, B.M., Odean, T. (2008) All That Glitters: The Effect of Attention and News on the Buying Behavior of Individual and Institutional Investors. *The Review of Financial Studies* 21, 785-818.

Barberis, N., Shleifer, A., Vishny, R. (1998) A Model of Investor Sentiment. *Journal of Financial Economics* 49, 307-343.

Baron, D.P. (2006) Persistent Media Bias. *Journal of Public Economics* 90, 1–36.

Barro, R.J. (2006) Rare Disasters and Asset Markets in the Twentieth Century. *The Quarterly Journal of Economics* 121, 823–866.

Bartov, E., Gul, F.A., Tsui, J.S.L. (2000) Discretionary-Accruals Models and Audit Qualifications. *Journal of Accounting and Economics* 30, 421–452.

Baum, M.A., Jamison, A.S. (2006) The Oprah Effect: How Soft News Helps Inattentive Citizens Vote Consistently. *Journal of Politics* 68, 946–959.

Bernard, V.L., Thomas, J.K. (1989) Post-Earnings-Announcement Drift: Delayed Price Response or Risk Premium? *Journal of Accounting Research* 27, 1–36.

Bhattacharya, U., Galpin, N., Ray, R., Yu, X. (2009) The Role of the Media in the Internet IPO Bubble. *Journal of Financial and Quantitative Analysis* 44, 657–682.

Bollerslev, T.I.M., Todorov, V. (2011) Tails, Fears, and Risk Premia. *The Journal of Finance* 66, 2165–2211.

Botosan, C.A. (1997) Disclosure Level and the Cost of Equity Capital. *The Accounting Review* 72, 323–349.

Bremer, M., Hiraki, T., Sweeney, R.J. (1997) Predictable Patterns after Large Stock Price Changes on the Tokyo Stock Exchange. *Journal of Financial and Quantitative Analysis* 32, 345–365.

Brockman, P., Yan, X. (2009) Block Ownership and Firm-Specific Information. *Journal of Banking & Finance* 33, 308–316.

Brown, L.D. (1983) Accounting Changes and the Accuracy of Analysts' Earnings Forecasts. *Journal of Accounting Research* 21, 432–443.

Brown, S., Hillegeist, S.A., Lo, K. (2004) Conference Calls and Information Asymmetry. *Journal of Accounting and Economics* 37, 343–366.

Bushee, B.J., Core, J.E., Guay, W., Hamm, S.J.W. (2010) The Role of the Business Press as an Information Intermediary. *Journal of Accounting Research* 48, 1–19.

Bushee, B.J., Miller, G.S. (2012) Investor Relations, Firm Visibility, and Investor Following. *The Accounting Review* 87, 867–897.

Busse, J.A., Green, T.C. (2002) Market Efficiency in Real Time. *Journal of Financial Economics* 65, 415–437.

Callen, J.L., Fang, X. (2013) Institutional Investor Stability and Crash Risk: Monitoring versus Short-Termism? *Journal of Banking & Finance* 37, 3047–3063.

Callen, J.L., Fang, X. (2015) Religion and Stock Price Crash Risk. *Journal of Financial and Quantitative Analysis* 50, 169–195.

Campbell, J.Y., Hentschel, L. (1992) No News is Good News: An Asymmetric Model of Changing Volatility in Stock Returns. *Journal of Financial Economics* 31, 281–318.

Chahine, S., Mansi, S., Mazboudi, M. (2015) Media News and Earnings Management Prior to Equity Offerings. *Journal of Corporate Finance* 35, 177–195.

Chambers, A.E., Penman, S.H. (1984) Timeliness of Reporting and the Stock Price Reaction

to Earnings Announcements. *Journal of Accounting Research* 22, 21-47.
Chan, K., Hameed, A. (2006) Stock Price Synchronicity and Analyst Coverage in Emerging Markets. *Journal of Financial Economics* 80, 115-147.
Chan, W.S. (2003) Stock Price Reaction to News and No-News: Drift and Reversal after Headlines. *Journal of Financial Economics* 70, 223-260.
Chan, Y.-c., Chui, A.C.W., Kwok, C.C.Y. (2001) The Impact of Salient Political and Economic News on the Trading Activity. *Pacific-Basin Finance Journal* 9, 195-217.
Chang, E.C., Dong, S. (2006) Idiosyncratic Volatility, Fundamentals, and Institutional Herding: Evidence from the Japanese Stock Market. *Pacific-Basin Finance Journal* 14, 135-154.
Chang, J., Khanna, T., Palepu, K. (2000). Analyst Activity Around the World. *HBS Strategy Unit Working Paper* No. 01-061. Available at SSRN: https://ssrn.com/abstract=204570.
Chang, M., D'Anna, G., Watson, I., Wee, M. (2008) Does Disclosure Quality via Investor Relations Affect Information Asymmetry? *Australian Journal of Management* 33, 375-390.
Chang, R.P., McLeavey, D.W., Rhee, S.G. (1995) Short-Term Abnormal Returns of the Contrarian Strategy in the Japanese Stock Market. *Journal of Business Finance & Accounting* 22, 1035-1048.
Chen, J., Hong, H., Stein, J.C. (2001) Forecasting Crashes: Trading Volume, Past Returns, and Conditional Skewness in Stock Prices. *Journal of Financial Economics* 61, 345-381.
Cheng Chee Mun, E., Courtenay, S.M., Rahman, A.R. (2011) Effects of Prior Voluntary Disclosure on Earnings Announcements in an Environment with Low Information and Regulation. *Pacific-Basin Finance Journal* 19, 308-329.
Cheung, J.K., Kim, J.-B., Lee, J. (1999) The Impact of Institutional Characteristics on Return-Earnings Associations in Japan. *The International Journal of Accounting* 34, 571-596.
Chiao, C., Hueng, C.J. (2005) Overreaction Effects Independent of Risk and Characteristics: Evidence from the Japanese Stock Market. *Japan and the World Economy* 17, 431-455.
Choi, S.K., Jeter, D.C. (1992) The Effects of Qualified Audit Opinions on Earnings Response Coefficients. *Journal of Accounting and Economics* 15, 229-247.
Chou, P.-H., Wei, K.C.J., Chung, H. (2007) Sources of Contrarian Profits in the Japanese Stock Market. *Journal of Empirical Finance* 14, 261-286.
Collins, D.W., Kothari, S.P. (1989) An Analysis of Intertemporal and Cross-Sectional Determinants of Earnings Response Coefficients. *Journal of Accounting and Economics* 11, 143-181.
Cooke, T.E. (1996) The Influence of the Keiretsu on Japanese Corporate Disclosure. *Journal of International Financial Management & Accounting* 7, 191-214.
Core, J.E., Guay, W., Larcker, D.F. (2008) The Power of the Pen and Executive Compensation. *Journal of Financial Economics* 88, 1-25.

Covrig, V., Low, B.S. (2005) The Relevance of Analysts' Earnings Forecasts in Japan. *Journal of Business Finance & Accounting* 32, 1437-1463.

Da, Z., Gurun, U.G., Warachka, M. (2014) Frog in the Pan: Continuous Information and Momentum. *The Review of Financial Studies* 27, 2171-2218.

Da, Z., Engelberg, J., Gao, P. (2011) In Search of Attention. *The Journal of Finance* 66, 1461-1499.

Dang, T.L., Moshirian, F., Zhang, B. (2015) Commonality in News Around the World. *Journal of Financial Economics* 116, 82-110.

Daniel, K., Hirshleifer, D., Subrahmanyam, A. (1998) Investor Psychology and Security Market Under- and Overreactions. *The Journal of Finance* 53, 1839-1885.

Daniel, K., Titman, S. (2006) Market Reactions to Tangible and Intangible Information. *The Journal of Finance* 61, 1605-1643.

Dasgupta, S., Gan, J., Gao, N. (2010) Transparency, Price Informativeness, and Stock Return Synchronicity: Theory and Evidence. *Journal of Financial and Quantitative Analysis* 45, 1189-1220.

DeBondt, W., Thaler, R. (1985) Does The Stock Market Overreact? *The Journal of Finance* 40, 793-805.

DellaVigna, S., Pollet, J.M. (2009) Investor Inattention and Friday Earnings Announcements. *The Journal of Finance* 64, 709-749.

DeLong, J.B., Shleifer, A., Summers, L.H., Waldmann, R.J. (1990) Noise Trader Risk in Financial Markets. *Journal of Political Economy* 98, 703-738.

Demers, E.A., Vega, C. (2014) Understanding The Role of Managerial Optimism and Uncertainty in the Price Formation Process: Evidence from the Textual Content of Earnings Announcements. Available at SSRN: https://ssrn.com/abstract=1152326

Dharan, B.G., Lev, B. (1993) The Valuation Consequence of Accounting Changes: A Multi-year Examination. *Journal of Accounting, Auditing & Finance* 8, 475-494.

Diamond, D.W., Verrecchia, R.E. (1991) Disclosure, Liquidity, and the Cost of Capital. *The Journal of Finance* 46, 1325-1359.

Dichev, I.D., Tang, V.W. (2009) Earnings Volatility and Earnings Predictability. *Journal of Accounting and Economics* 47, 160-181.

Dorn, D., Sengmueller, P. (2009) Trading as Entertainment? *Management Science* 55, 591-603.

Dougal, C., Engelberg, J., Garcia, D., Parsons, C.A. (2012) Journalists and the Stock Market. *The Review of Financial Studies* 25, 639-679.

Douthett, E.B., Jung, K., Kwak, W. (2004) Japanese Corporate Groupings (Keiretsu) and the Characteristics of Analysts' Forecasts. *Review of Quantitative Finance and Accounting* 23, 79-98.

Douthett, J.E.B., Jung, K. (2001) Japanese Corporate Groupings (Keiretsu) and the Informativeness of Earnings. *Journal of International Financial Management &*

Accounting 12, 133-159.

Drake, M.S., Guest, N.M., Twedt, B.J. (2014) The Media and Mispricing: The Role of the Business Press in the Pricing of Accounting Information. *The Accounting Review* 89, 1673-1701.

Drake, M.S., Roulstone, D.T., Thornock, J.R. (2012) Investor Information Demand: Evidence from Google Searches Around Earnings Announcements. *Journal of Accounting Research* 50, 1001-1040.

Durnev, A., Morck, R., Yeung, B. (2004) Value-Enhancing Capital Budgeting and Firm-Specific Stock Return Variation. *The Journal of Finance* 59, 65-105.

Durnev, A., Morck, R., Yeung, B., Zarowin, P. (2003) Does Greater Firm-Specific Return Variation Mean More or Less Informed Stock Pricing? *Journal of Accounting Research* 41, 797-836.

Dyck, A., Morse, A., Zingales, L. (2010) Who Blows the Whistle on Corporate Fraud? *The Journal of Finance* 65, 2213-2253.

Dyck, A., Volchkova, N., Zingales, L. (2008) The Corporate Governance Role of the Media: Evidence from Russia. *The Journal of Finance* 63, 1093-1135.

Engelberg, J. (2008) Costly Information Processing: Evidence from Earnings Announcements. Available at SSRN: http://ssrn.com/abstract=1107998.

Engelberg, J., Sasseville, C., Williams, J. (2012) Market Madness? The Case of Mad Money. *Management Science* 58, 351-364.

Engelberg, J.E., Parsons, C.A. (2011) The Causal Impact of Media in Financial Markets. *Journal of Finance* 66, 67-97.

Fama, E.F. (1970) Efficient Capital Markets: A Review of Theory and Empirical Work. *The Journal of Finance* 25, 383-417.

Fama, E.F., French, K.R. (1995) Size and Book-to-Market Factors in Earnings and Returns. *The Journal of Finance* 50, 131-155.

Fang, L., Peress, J. (2009) Media Coverage and the Cross-section of Stock Returns. *The Journal of Finance* 64, 2023-2052.

Farrell, K.A., Whidbee, D.A. (2002) Monitoring by the Financial Press and Forced CEO Turnover. *Journal of Banking & Finance* 26, 2249-2276.

Ferreira, M.A., Laux, P.A. (2007) Corporate Governance, Idiosyncratic Risk, and Information Flow. *The Journal of Finance* 62, 951-989.

Freeman, R.N. (1987) The Association between Accounting Earnings and Security Returns for Large and Small Firms. *Journal of Accounting and Economics* 9, 195-228.

Freeman, R.N., Tse, S.Y. (1992) An Earnings Prediction Approach to Examining Intercompany Information Transfers. *Journal of Accounting and Economics* 15, 509-523.

García, D. (2013) Sentiment during Recessions. *The Journal of Finance* 68, 1267-1300.

Gentzkow, M., Shapiro, Jesse M. (2006) Media Bias and Reputation. *Journal of Political*

Economy 114, 280-316.

Givoly, D., Palmon, D. (1982) Timeliness of Annual Earnings Announcements: Some Empirical Evidence. *The Accounting Review* 57, 486-508.

Griffin, J.M., Hirschey, N.H., Kelly, P.J. (2011) How Important Is the Financial Media in Global Markets? *The Review of Financial Studies* 24, 3941-3992.

Grossman, S.J., Stiglitz, J.E. (1980) On the Impossibility of Informationally Efficient Markets. *The American Economic Review* 70, 393-408.

Grullon, G., Kanatas, G., Weston, J.P. (2004) Advertising, Breadth of Ownership, and Liquidity. *The Review of Financial Studies* 17, 439-461.

Gurun, U.G., Butler, A.W. (2012) Don't Believe the Hype: Local Media Slant, Local Advertising, and Firm Value. *The Journal of Finance* 67, 561-598.

Haggard, K.S., Martin, X., Pereira, R. (2008) Does Voluntary Disclosure Improve Stock Price Informativeness? *Financial Management* 37, 747-768.

Hassell, J.M., Jennings, R.H. (1986) Relative Forecast Accuracy and the Timing of Earnings Forecast Announcements. *The Accounting Review* 61, 58-75.

Hassell, J.M., Jennings, R.H., Lasser, D.J. (1988) Management Earnings Forecasts: Their Usefulness as a Source of Firm-Specific Information to Security Analysts. *Journal of Financial Research* 11, 303-319.

Healy, P.M., Palepu, K.G. (2001) Information Asymmetry, Corporate Disclosure, and the Capital Markets: A Review of the Empirical Disclosure Literature. *Journal of Accounting and Economics* 31, 405-440.

Hillert, A., Jacobs, H., Müller, S. (2014) Media Makes Momentum. *The Review of Financial Studies* 27, 3467-3501.

Hiraki, T., Inoue, H., Ito, A., Kuroki, F., Masuda, H. (2003) Corporate Governance and Firm Value in Japan: Evidence from 1985 to 1998. *Pacific-Basin Finance Journal* 11, 239-265.

Hirshleifer, D., Lim, S.S., Teoh, S.H. (2009) Driven to Distraction: Extraneous Events and Underreaction to Earnings News. *The Journal of Finance* 64, 2289-2325.

Hirshleifer, D.A., Myers, J.N., Myers, L.A., Teoh, S.H. (2008) Do Individual Investors Cause Post-Earnings Announcement Drift? Direct Evidence from Personal Trades. *The Accounting Review* 83, 1521-1550.

Hong, H., Stein, C.J. (2003) Differences of Opinion, Short-Sales Constraints, and Market Crashes. *The Review of Financial Studies* 16, 487-525.

Hong, H., Stein, J.C. (2007) Disagreement and the Stock Market. *The Journal of Economic Perspectives* 21, 109-128.

Hoshi, T., Kashyap, A., Scharfstein, D. (1991) Corporate Structure, Liquidity, and Investment: Evidence from Japanese Industrial Groups. *Quarterly Journal of Economics* 106, 33-60.

Huang, W., Liu, Q., Ghon Rhee, S., Wu, F. (2012) Extreme Downside Risk and Expected Stock Returns. *Journal of Banking & Finance* 36, 1492-1502.

Huberman, G. (2001) Familiarity Breeds Investment. *The Review of Financial Studies* 14, 659-680.

Huberman, G., Regev, T. (2001) Contagious Speculation and a Cure for Cancer: A Nonevent that Made Stock Prices Soar. *The Journal of Finance* 56, 387-396.

Hutton, A.P., Marcus, A.J., Tehranian, H. (2009) Opaque Financial Reports, R^2, and Crash Risk. *Journal of Financial Economics* 94, 67-86.

Iihara, Y., Kato, H.K., Tokunaga, T. (2004) The Winner-Loser Effect in Japanese Stock Returns. *Japan and the World Economy* 16, 471-485.

Irvine, P.J., Pontiff, J. (2009) Idiosyncratic Return Volatility, Cash Flows, and Product Market Competition. *The Review of Financial Studies* 22, 1149-1177.

Jegadeesh, N., Titman, S. (1993) Returns to Buying Winners and Selling Losers: Implications for Stock Market Efficiency. *The Journal of Finance* 48, 65-91.

Jensen, M.C., Meckling, W.H. (1976) Theory of the Firm: Managerial Behavior, Agency Costs and Ownership Structure. *Journal of Financial Economics* 3, 305-360.

Jensen, M.C., Ruback, R.S. (1983) The Market for Corporate Control. *Journal of Financial Economics* 11, 5-50.

Jiang, H. (2010) Institutional Investors, Intangible Information, and the Book-to-Market Effect. *Journal of Financial Economics* 96, 98-126.

Jiang, L., Kim, J.-B. (2004) Foreign Equity Ownership and Information Asymmetry: Evidence from Japan. *Journal of International Financial Management & Accounting* 15, 185-211.

Jin, L., Myers, S.C. (2006) R^2 around the World: New Theory and New Tests. *Journal of Financial Economics* 79, 257-292.

Kaniel, R., Parham, R. (2017) WSJ Category Kings – The Impact of Media Attention on Consumer and Mutual Fund Investment Decisions. *Journal of Financial Economics* 123, 337-356.

Karlsson, N., Loewenstein, G., Seppi, D. (2009) The Ostrich Effect: Selective Attention to Information. *Journal of Risk and Uncertainty* 38, 95-115.

Kato, K., Skinner, D.J., Kunimura, M. (2009) Management Forecasts in Japan: An Empirical Study of Forecasts that Are Effectively Mandated. *The Accounting Review* 84, 1575-1606.

Keasler, T., McNeil, C. (2010) Mad Money Stock Recommendations: Market Reaction and Performance. *Journal of Economics and Finance* 34, 1-22.

Kim, J.-B., Li, Y., Zhang, L. (2011) Corporate Tax Avoidance and Stock Price Crash Risk: Firm-Level Analysis. *Journal of Financial Economics* 100, 639-662.

Kim, Y., Li, H., Li, S. (2014) Corporate Social Responsibility and Stock Price Crash Risk. *Journal of Banking & Finance* 43, 1-13.

Klibanoff, P., Lamont, O., Wizman, T.A. (1998) Investor Reaction to Salient News in Closed-End Country Funds. *The Journal of Finance* 53, 673-699.

Kothari, S.P., Li, X., Short, J.E. (2009a) The Effect of Disclosures by Management, Analysts, and Business Press on Cost of Capital, Return Volatility, and Analyst Forecasts: A Study Using Content Analysis. *The Accounting Review* 84, 1639-1670.

Kothari, S.P., Shu, S., Wysocki, P.D. (2009b) Do Managers Withhold Bad News? *Journal of Accounting Research* 47, 241-276.

Kutsuna, K., Okamura, H., Cowling, M. (2002) Ownership Structure Pre- and Post-IPOs and the Operating Performance of JASDAQ Companies. *Pacific-Basin Finance Journal* 10, 163-181.

Lakonishok, J., Shleifer, A., Vishny, R.W. (1994) Contrarian Investment, Extrapolation, and Risk. *The Journal of Finance* 49, 1541-1578.

Lamoureux, C.G., Lastrapes, W.D. (1990) Heteroskedasticity in Stock Return Data: Volume versus GARCH Effects. *The Journal of Finance* 45, 221-229.

Liang, B. (1999) Price Pressure: Evidence from the "Dartboard" Column. *The Journal of Business* 72, 119-134.

Lichtenberg, F.R., Pushner, G.M. (1994) Ownership Structure and Corporate Performance in Japan. *Japan and the World Economy* 6, 239-261.

Liu, B., McConnell, J.J. (2013) The Role of the Media in Corporate Governance: Do the Media Influence Managers' Capital Allocation Decisions? *Journal of Financial Economics* 110, 1-17.

Lou, D. (2014) Attracting Investor Attention through Advertising. *The Review of Financial Studies* 27, 1797-1829.

McCombs, M.E., Shaw, D.L. (1972) The Agenda-Setting Function of Mass Media. *The Public Opinion Quarterly* 36, 176-187.

Merton, R.C. (1987) A Simple Model of Capital Market Equilibrium with Incomplete Information. *The Journal of Finance* 42, 483-510.

Michaely, R., Rubin, A., Vedrashko, A. (2016) Are Friday Announcements Special? Overcoming Selection Bias. *Journal of Financial Economics* 122, 65-85.

Miller, G.S. (2006) The Press as a Watchdog for Accounting Fraud. *Journal of Accounting Research* 44, 1001-1033.

Morck, R., Nakamura, M., Shivdasani, A. (2000a) Banks, Ownership Structure, and Firm Value in Japan. *The Journal of Business* 73, 539-567.

Morck, R., Yeung, B., Yu, W. (2000b) The Information Content of Stock Markets: Why Do Emerging Markets Have Synchronous Stock Price Movements? *Journal of Financial Economics* 58, 215-260.

Mullainathan, S., Shleifer, A. (2005) The Market for News. *American Economic Review* 95, 1031-1053.

Olibe, K.O. (2002) The Information Content of Annual General Meetings: a Price and Trading Volume Analysis. *Journal of International Accounting, Auditing and Taxation* 11, 19-37.

Patton, A.J., Verardo, M. (2012) Does Beta Move with News? Firm-Specific Information Flows and Learning about Profitability. *The Review of Financial Studies* 25, 2789-2839.

Peress, J. (2014) The Media and the Diffusion of Information in Financial Markets: Evidence from Newspaper Strikes. *The Journal of Finance* 69, 2007-2043.

Piotroski, J.D., Roulstone, D.T. (2004) The Influence of Analysts, Institutional Investors, and Insiders on the Incorporation of Market, Industry, and Firm-Specific Information into Stock Prices. *The Accounting Review* 79, 1119-1151.

Pyo, Y., Lustgarten, S. (1990) Differential Intra-industry Information Transfer Associated with Management Earnings Forecasts. *Journal of Accounting and Economics* 13, 365-379.

Resutek, R.J. (2010) Intangible Returns, Accruals, and Return Reversal: A Multiperiod Examination of the Accrual Anomaly. *The Accounting Review* 85, 1347-1374.

Reuter, J., Zitzewitz, E. (2006) Do Ads Influence Editors? Advertising and Bias in the Financial Media. *The Quarterly Journal of Economics* 121, 197-227.

Rogers, J.L., Stocken, P.C. (2005) Credibility of Management Forecasts. *Accounting Review* 80, 1233-1260.

Roll, R. (1988) R^2. *The Journal of Finance* 43, 541-566.

Salanié, B. (1997) *The Economics of Contracts*. MIT Press.

Shleifer, A., Summers, L.H. (1990) The Noise Trader Approach to Finance. *The Journal of Economic Perspectives* 4, 19-33.

Shleifer, A., Vishny, R.W. (1986) Large Shareholders and Corporate Control. *The Journal of Political Economy* 94, 461-488.

Sicherman, N., Loewenstein, G., Seppi, D.J., Utkus, S.P. (2015) Financial Attention. *The Review of Financial Studies* 29, 863-897.

Sloan, R.G. (1996) Do Stock Prices Fully Reflect Information in Accruals and Cash Flows about Future Earnings? *Accounting Review* 71, 289-315.

Solomon, D.H. (2012) Selective Publicity and Stock Prices. *The Journal of Finance* 67, 599-638.

Solomon, D.H., Soltes, E., Sosyura, D. (2014) Winners in the Spotlight: Media Coverage of Fund Holdings as a Driver of Flows. *Journal of Financial Economics* 113, 53-72.

Takeda, F., Wakao, T. (2014) Google Search Intensity and Its Relationship with Returns and Trading Volume of Japanese Stocks. *Pacific-Basin Finance Journal* 27, 1-18.

Takeda, F., Yamazaki, H. (2006) Stock Price Reactions to Public TV Programs on Listed Japanese Companies. *Economic Bulletin* 13, 1-7.

Tetlock, P.C. (2007) Giving Content to Investor Sentiment: The Role of Media in the Stock Market. *The Journal of Finance* 62, 1139-1168.

Tetlock, P.C. (2010) Does Public Financial News Resolve Asymmetric Information? *The Review of Financial Studies* 23, 3520-3557.

Tetlock, P.C. (2011) All the News That's Fit to Reprint: Do Investors React to Stale

Information? *The Review of Financial Studies* 24, 1481-1512.

Tetlock, P.C., Saar-Tsechansky, M., Macskassy, S. (2008) More than Words: Quantifying Language to Measure Firms' Fundamentals. *The Journal of Finance* 63, 1437-1467.

Thussu, D.K. (2008) *News as Entertainment: The Rise of Global Infotainment.* SAGE.

Tversky, A., Kahneman, D. (1974) Judgment under Uncertainty: Heuristics and Biases. *Science* 185, 1124-1131.

Tversky, A., Kahneman, D. (1981) The Framing of Decisions and the Psychology of Choice. *Science* 211, 453-458.

Vega, C. (2006) Stock Price Reaction to Public and Private Information. *Journal of Financial Economics* 82, 103-133.

Verrecchia, R.E. (1982) Information Acquisition in a Noisy Rational Expectations Economy. *Econometrica* 50, 1415-1430.

Vlastakis, N., Markellos, R.N. (2012) Information Demand and Stock Market Volatility. *Journal of Banking & Finance* 36, 1808-1821.

Wang, J., Meric, G., Liu, Z., Meric, I. (2009) Stock Market Crashes, Firm Characteristics, and Stock Returns. *Journal of Banking & Finance* 33, 1563-1574.

Welker, M. (1995) Disclosure Policy, Information Asymmetry, and Liquidity in Equity Markets. *Contemporary Accounting Research* 11, 801-827.

Williams, P.A. (1996) The Relation between a Prior Earnings Forecast by Management and Analyst Response to a Current Management Forecast. *The Accounting Review* 71, 103-115.

Wurgler, J. (2000) Financial Markets and the Allocation of Capital. *Journal of Financial Economics* 58, 187-214.

Xing, X., Anderson, R. (2011) Stock Price Synchronicity and Public Firm-Specific Information. *Journal of Financial Markets* 14, 259-276.

Yuan, Y. (2015) Market-Wide Attention, Trading, and Stock Returns. *Journal of Financial Economics* 116, 548-564.

Zhang, X.F. (2006) Information Uncertainty and Stock Returns. *The Journal of Finance* 61, 105-137.

初出一覧

　本書の各章は，下記の初出論文をもとにしている。本書への掲載にあたって，一部改訂している。

第1章　書き下ろし。

第2章　"Firm-Specific Volatility of Stock Returns, the Credibility of Management Forecasts, and Media Coverage: Evidence from Japanese Firms", *Japan and the World Economy*, Volume 23, 2011, 28-39.

第3章　"An Analysis of the Impact of Media Coverage on Stock Price Crashes and Jumps: Evidence from Japan", *Pacific-Basin Finance Journal*, Volume 24, 2013, 22-38.

第4章　「個別株式レベルにおける価格急落現象の要因―日本の新興株式市場での実証分析―」『経済学研究』（九州大学経済学会）76巻5号，2010年，123-142。

第5章　「無形情報による株式リターンと企業情報環境・情報開示行動」『甲南経済論集』（甲南大学経済学会）52巻 第1／2号，2012年，109-134。

第6章　書き下ろし。

第7章　書き下ろし。

索　引

■あ 行

アービトラージャー ……………………… 21
アナリスト予想 …………………………… 52
アノマリー ………………………………… 14
意見不一致 ………………………………… 85
因果関係 …………………………………… 31
インターネット情報 …………………… 180
インベスターリレーション ……………… 30
エージェンシー問題 …………… 11, 51, 113
エントレンチメント効果 ……………… 116
オーストリッチ効果 ……………………… 28

■か 行

会計方針の変更 ………………………… 138
会社法 ……………………………………… 11
価格圧力効果 ……………………………… 22
学習効果 ………………………………… 156
過小反応 …………………………………… 13
過剰反応 ………………………………… 13, 78
株価クラッシュ …………………………… 1
株価ドリフト ……………………………… 27
株価の情報反映度 ………………… 1, 7, 155
株式相互持合い ………………………… 116
株主総会 ………………………………… 139
下方リスク ………………………………… 80
監査意見 ………………………………… 138
機関投資家 ……………………… 24, 51, 156
企業広告 ………………………………… 183
企業固有効果 ……………………………… 53
企業固有情報 ……………………………… 1
企業固有ボラティリティ ……… 8, 31, 47, 49
企業情報環境 ……………………………… 33
企業の社会的責任 ……………………… 114
議題設定機能 ……………………………… 25

■さ 行

逆選択 ……………………………………… 10
金融商品取引法 …………………………… 11
クラッシュ ………………… 8, 34, 77, 110, 118
クラッシュ促進仮説 ……………… 35, 79, 84
クラッシュ抑制仮説 ……………… 35, 79, 82
経営者予想誤差 ……………………… 57, 138
経営者予想情報 …………………………… 51
経営者利益予想精度 ……………………… 48
系列関係 ………………………………… 116
決算発表 ………………………………… 139
公開情報 ……………………… 47, 132, 155
効率性市場仮説 …………………………… 8
コーポレートガバナンス ……… 12, 28, 109
個人投資家 …………………………… 24, 158
娯楽性 …………………………………… 183

■さ 行

裁量的発生高 ………………… 82, 112, 155
産業内効果 ………………………………… 53
産業内情報 ………………………………… 59
時価簿価比率効果 ……………………… 131
自己帰属バイアス ………………………… 15
市場共通情報 ……………………………… 59
市場流動性 …………………………… 13, 18
自信過剰 …………………………………… 15
実現ボラティリティ …………………… 180
私的情報 ……………………… 8, 50, 155
資本の効率的利用 ………………………… 49
ジャンプ …………………………… 77, 118
情報開示 …………………………………… 9
情報開示行動 ……………………… 132, 137
情報環境 ……………………… 50, 132, 136
情報効率性 ………………………………… 53
情報効率性効果 ………………………… 17
情報（の）再分配 ………… 19, 78, 85, 172

情報信頼性	51	買収防衛策	50
情報生産	19, 172	ビッドアスクスプレッド	13
情報伝達経路	9	標準的資産価格モデル	155
情報トレーダー	50, 154	ファンダメンタル	1, 18
情報トレーディング	33	不正な情報開示	51
情報非対称性	10	フリーライド問題	114
情報品質	54	フレーミング効果	25
情報量	54	保守性	15
親近性バイアス	184		
新興上場企業	108	■ま 行	
迅速性	77	マーケティング	183
選択的注意	28	マスコミ4媒体	16
速報ニュース	20	マスメディア	2, 9, 52
ソフト情報	10, 20, 183	摩耗効果	184
		無形情報	131
■た 行		無形情報反映度	1
代表性ヒューリスティック	15, 22	無形情報リターン	8, 134
タイムリーディスクロージャー	11	メインバンク	115
注意喚起効果	52, 84	メディアカバレッジ	48, 52, 58
ディスクロージャー	2, 9	メディア操作	29
適時開示	11	メディアバイアス	30
テレビ放送	180, 182	モニタリング	114
伝染効果	26	モラルハザード	10
投資家センチメント	17, 21		
投資家（の）注意（力）	24, 52	■や 行	
投資家注意力仮説	157	有形情報	131
投資家認知度仮説	25	有形情報リターン	134
独自ニュース	20	予想バイアス	57
■な 行		■ら 行	
内生性問題	31	利益公表後ドリフト現象	14
ニュースワイヤサービス	16	利益反応係数	135
ノイズトレーダー	21, 182	リターン・リバーサル	14, 78, 131
		リバーサル現象	15
■は 行			
ハード情報	10, 20, 183		

〈著者紹介〉

阿萬　弘行（あまん　ひろゆき）

関西学院大学商学部教授。

1972年宮崎県生まれ。専門は金融論・ファイナンス。京都大学経済学部卒業，京都大学経済学研究科博士後期課程修了，博士（経済学）。長崎大学経済学部講師，甲南大学経済学部准教授，西オーストラリア大学客員研究員を経て現職。

主な著作："Volatility and Public Information Flows: Evidence from Disclosure and Media Coverage in the Japanese Stock Market" *International Review of Economics & Finance* 51, 2017（共著），「メディア情報と利用者行動」『スマート化する放送―ICTの革新と放送の変容―』日本民間放送連盟・研究所（編集）三省堂，2014年（共著），"An Analysis of the Impact of Media Coverage on Stock Price Crashes and Jumps: Evidence from Japan" *Pacific-Basin Finance Journal* 24, 2013。

関西学院大学研究叢書　第191編

株価の情報反映メカニズム
マスメディアと企業情報の効果

2018年3月1日　第1版第1刷発行

著　者	阿　萬　弘　行
発行者	山　本　　　継
発行所	㈱中央経済社
発売元	㈱中央経済グループ パブリッシング

〒101-0051　東京都千代田区神田神保町1-31-2
電話　03（3293）3371（編集代表）
　　　03（3293）3381（営業代表）
http://www.chuokeizai.co.jp/
印刷／文唱堂印刷㈱
製本／誠　製　本㈱

© 2018
Printed in Japan

＊頁の「欠落」や「順序違い」などがありましたらお取り替えいたしますので発売元までご送付ください。（送料小社負担）

ISBN978-4-502-25171-9　C3033

JCOPY〈出版者著作権管理機構委託出版物〉本書を無断で複写複製（コピー）することは，著作権法上の例外を除き，禁じられています。本書をコピーされる場合は事前に出版者著作権管理機構（JCOPY）の許諾を受けてください。
JCOPY〈http://www.jcopy.or.jp　eメール：info@jcopy.or.jp　電話：03-3513-6969〉